Nadine Villmann

Hübsch eingedeckt

KREATIVE TISCHDEKORATIONEN IM VINTAGE-STIL

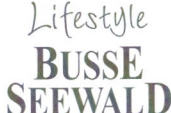

Die Vorlagen zu diesem Buch stehen nach erfolgreicher Registrierung unter www.busse-seewald.de/downloadcenter zum Download bereit. Den Download-Code finden Sie auf Seite 160.

Inhalt

Vorwort 4

Vintage Glamour 6

Tea o'clock 20

Botanica 36

Ein Hauch Provence 52

Obst in Hülle und Fülle 62

Strandgut 70

Spitze trifft Holz 84

Gartenblumen-Fest 92

La vie en rose 104

Schweden-Liebe 114

Moderne Folklore 126

Herbstfunkeln 134

Christmas Love 146

Hersteller und Adressen 158

Bildnachweis 160

Impressum 160

VORWORT

Alles begann auf der Hochzeit unserer Freunde Emma und Doug in England. Es traf mich wie ein Blitz. Der Afternoon Tea wurde überraschenderweise auf altem Porzellan serviert – und jedes Gedeck sah anders aus, jedes war unglaublich hübsch. Es stellte sich heraus, dass es geliehen war. Der Gedanke ließ mich nicht mehr los: Wieder zu Hause, war schnell entschieden, dass ich dieser Spontanliebe folgen und den ersten Vintage-Porzellanverleih Deutschlands eröffnen würde. Zu dieser Zeit war der Vintage-Begriff hier noch eine vage Idee. Ich tauchte ein in die Welt von Vintage-Porzellan und all den anderen alten Schätzchen, die ich finden konnte, und der Bereich Dekoration kam zu meiner Arbeit hinzu.

Als der Vintage-Stil vor einigen Jahren langsam von Amerika und England zu uns herüberschwappte, war er bekannt für Stilelemente, die sich regelmäßig wiederholten, von Spitzendeckchen über Vogelkäfige bis hin zu alten Büchern. Ein, zwei Jahre drehte sich alles um diese liebevollen Bestandteile, die die Deko-Szene eroberten. Nach einer Weile begann ich darüber nachzudenken, welche Möglichkeiten es gäbe, variantenreicher mit dem Thema umzugehen. Wie könnte es aussehen, den Vintage-Stil mit modernen Elementen zu kombinieren? Oder sich von reinen Flohmarktfunden zu lösen und Vintage breiter zu interpretieren? Als ein Stil, der eine alte Geschichte aus heutiger Sicht erzählt?

Mit dieser Idee im Gepäck fing ich an, Vintage-Porzellan mit modernen Mustern und Formen zu kombinieren, die Geschichte von historischen Traditionen neu zu beleuchten und in einen anderen Zusammenhang zu bringen. Was aber bis heute immer gleich geblieben ist, ist der warme, herzliche Unterton, der bei jeder Vintage-Dekoration mitschwingt. Denn genau das bringen wir mit allem Alten in Verbindung. Und genau deswegen eignet sich der Vintage-Stil auch so hervorragend für Tischdekorationen, bei denen es darum geht, dass die Gäste sich herzlich willkommen fühlen.

Heute arbeite ich als Event- und Wedding-Stylistin statt als Verleiherin und entwickle leidenschaftlich gerne neue Dekorationskonzepte. Mit diesem Buch möchte ich Sie ermutigen, Ihren eigenen Vintage-Stil zu finden. Wenn Ihr erster Impuls ist, Vintage-Porzellan mit modernen Vasen zu kombinieren, dann folgen Sie diesem Einfall. Dieses Buch zeigt Ihnen, wie Sie zwischen den einzelnen Elementen Brücken schlagen können, sodass sich ein rundes Konzept ergibt. Dabei muss nicht alles original alt oder Vintage sein. Wenn Sie die Zeit haben, schlendern Sie über Flohmärkte und lassen Sie sich inspirieren. Aber nicht jeder, der eine Tischdekoration plant, hat auch immer unbedingt Zeit, wochenlang auf Requisitensuche zu gehen. Hier gibt es mittlerweile viele Onlineshops, wo sich günstig Replikate erstehen lassen, die genauso hübsch sind. Machen Sie Gebrauch von Dingen, die Sie bereits besitzen und stellen Sie mit diesen oder um diese herum Ihr Dekorationskonzept zusammen.

Den 13 verschiedenen Tischdekorationen in »Hübsch eingedeckt« liegen unterschiedliche Themen, Anlässe und Farbpaletten zugrunde. Aber auch hier kann und soll munter untereinander kombiniert werden. Materialien, Ideen und Farben lassen sich immer wieder neu zusammenstellen. Außerdem finden Sie hier und da kleine DIY-Anleitungen zum Nachmachen und leckere Rezepte.

Ich wünsche Ihnen viele schöne, inspirierte Stunden mit diesem Buch!

Ihre

Nadine Villmann

▶ Mehr Inspirationen und Dekorationskonzepte finden Sie unter www.nadinevillmann.de

BLICKFANG
Moderne Streifen gehen Hand in Hand mit altem Vintage-Porzellan.

Vintage Glamour

EINE ELEGANTE HOCHZEITSTAFEL IN SCHWARZ-WEISS-GOLD

FOTOS VON KATHRIN HESTER

KONTRASTREICH KOMBINIERT

Wer den Vintage-Stil liebt, aber einen modernen, zeitgemäßen Look sucht, darf ruhig mutig sein. Denn Vintage-Elemente lassen sich ganz wunderbar mit modernen Elementen verbinden. Bei diesem Hochzeitsthema wird bewusst mit Gegensätzen gespielt. Weißes, altes Porzellan geht spannende Kontraste mit klaren Formen und Linien ein. Als Farbpalette wurde eine klassische Kombination gewählt: Schwarz, Weiß und Gold stehen für pure Eleganz. Schwarz-weiß gestreifte Servietten und Satinbänder, die entlang der Tischkante aufgelegt werden, sorgen für eine moderne, klare Linienführung. Dazu werden quadratische Blumengefäße arrangiert, die üppig mit Hortensien, Glockenblumen, Dahlien, Ranunkeln und Phlox gefüllt sind. Die Blüten stecken dabei aufrecht in der Steckmasse und ragen geordnet nach oben. Die weißen Gefäße selbst sind mit einem breiten, schwarzen Band umwickelt – eine Idee, die sich auf viele verschiedene Farbkonzepte anpassen lässt und jede Tischdeko individualisiert. Die Wärme und Persönlichkeit, die altes Porzellan – wie die Vintage-Suppentassen mit zartem Goldrand – ausstrahlt, nimmt den modernen Elementen ihre Kühle. Hohe schwarze Kerzen in Barockform mit angedeuteter Patina sind die Eyecatcher entlang der Mitte der gedeckten Tafel. In Zweierpaaren dekoriert, lockern sie die Symmetrie auf. ■

GEGENSÄTZE ZIEHEN SICH AN Die runde Tellerform bricht die Linienführung auf und bietet einen spannenden Gegensatz zu den schwarz-weißen Streifen der Serviette. ▽

MITTELPUNKT Außergewöhnliche Kerzen und Väschen, in der Tischmitte locker verteilt, sind die Hingucker der Tafel.

»In der Tischdekoration die **Farben des Raumes aufzugreifen**, ist das i-Tüpfelchen des Konzepts und sorgt für einen *eleganten Gesamteindruck.*«

AKZENTE Elegante Details wie außergewöhnliche Henkelformen oder Muster setzen besondere Akzente. ▲

KERZEN Statt in klassische Kerzenhalter werden die Barockkerzen in Windlichter gestellt – so lassen sich locker Blüten dazustecken.

BLUMEN Der Brautstrauß wurde passend zum Thema aus weißen Hortensien, Nelken, Lisianthus und Sisalfasern gebunden. Die Blumengefäße auf dem Tisch sind üppig mit Blüten bestückt und schwarzen Bändern umwickelt. △

BÄNDER Gewebte Satinbänder mit den geprägten Namen des Brautpaares werden an den Tischkanten über- und untereinandergelegt. ◁

Tassen-Kerzen als Gastgeschenk

DAS BRAUCHEN SIE alte Tassen · Runddochte (Meterware) · weißes Wachs · farbige Wachsplättchen · Wachsklebeplättchen · Essstäbchen · Gummibänder · Kochtopf · Blechdose

SO WIRD'S GEMACHT

Füllen Sie das weiße Wachs mit ein wenig farbigem Wachs in eine saubere Blechdose und stellen Sie diese in einen Kochtopf mit kochendem Wasser. Lassen Sie das Wachs nun bei mittlerer Temperatur langsam schmelzen. Anschließend bereiten Sie die Tassen vor. Hierzu schneiden Sie ein Stück Docht mit einer Länge von ca. 7–8 cm ab. Das eine Ende des Dochtes drücken Sie in ein Wachsklebeplättchen innen am Boden der Tasse. Dann nehmen Sie ein Paar asiatische Essstäbchen zur Hand. Sind diese aus Holz, sind sie in der Regel an der unteren Seite miteinander verbunden. Legen Sie die Stäbchen auf den Tassenrand und führen Sie das verbliebene Dochtende mittig zwischen den beiden Stäbchen hindurch nach oben. Das offene Ende der Essstäbchen fixieren Sie nun mit einem Gummiband, sodass der Docht zwischen den beiden Stäbchen eingeklemmt wird. Ziehen Sie den Docht vorsichtig nach oben, sodass er nun straff vom Boden der Tasse nach oben durch die Stäbchen führt – so bleibt der Docht während des Gießens an Ort und Stelle. Ist das Wachs komplett geschmolzen, füllen Sie es vorsichtig bis ca. 1 cm unter den Rand in die Tasse. Tippen Sie sacht gegen die Tasse, um eventuelle Luftblasen zum Aufsteigen zu bringen. Während des Erkaltens zieht das Wachs sich zusammen und es entsteht rund um den Docht ein Loch. Fügen Sie hier nach ein paar Stunden eine weitere Schicht Wachs hinzu, bis eine glatte Oberfläche entsteht. Ist das Wachs komplett erkaltet, lösen Sie den Docht aus den Stäbchen und kürzen ihn auf die gewünschte Länge. Kleine geprägte Bänder mit den Worten »Dankeschön« an den Henkeln machen die selbst gegossenen Tassen-Kerzen zu einem ganz persönlichen Gastgeschenk.

GESCHIRR Altes Vintage-Porzellan wertet die Kaffeetafel am Nachmittag auf und sorgt für Abwechslung.

DIE KAFFEETAFEL AM NACHMITTAG

Brautpaare, deren Trauung relativ früh am Tag stattfindet, möchten ihren Gästen nachmittags die Zeit versüßen. Kaffee und Kuchen sind dabei immer eine entspannte Wahl, denn die Gäste sitzen in lockerer Runde zusammen und lernen sich ganz ungezwungen kennen. Eine Kaffeetafel oder ein Kaffee- und Kuchenbüfett mit altem Vintage-Porzellan ist nicht nur ein Hingucker, sondern dient zudem auch als Gesprächsstarter: Welches Porzellan hast du denn da? Ach wie hübsch! Geschirr mit verschiedenen Mustern in Schwarz, Weiß und Gold passt perfekt zur Vintage-Glamour-Hochzeit.

VERSPIELT DEKORIERT

Besonders schön ist es, wenn Tee und Kaffee stilecht aus alten Tee- und Kaffeekannen serviert werden. Beachten Sie jedoch dabei, dass solche Kannen in der Regel nur bis zu sechs Tassen halten. Dementsprechend sollte für ausreichend Kannen gesorgt werden, damit alle Gäste gleichzeitig etwas Warmes zu trinken bekommen. Passend zum Thema Kaffee und Kuchen wird der Tisch inszeniert: Statt mit den großen, quadratischen Blumengefäßen und den Kerzen im Barock-Stil wird die Tischmitte hier lockerer und ein wenig verspielter dekoriert. So werden weiße Ranunkeln, Röschen und Lisianthus in weiß-schwarz gepunkteten Cupcake-Förmchen arrangiert. ▶

BLUMEN Goldene Mini-Vasen im Mix mit Cupcake-Förmchen als Blumengefäße werden kreuz und quer auf der Tafel verteilt. ▽

BLUMENGEFÄSSE Gepunktete Cupcake-Förmchen als Blumengefäße greifen das Kaffee- und Kuchenthema spielerisch auf.

Deko-Lieblinge – sowohl auf dem Kaffee- als auch dem Abendtisch – sind unbestreitbar die goldenen Mini-Väschen. Die niedliche kleine Form der nur sechs Zentimeter hohen Vasen und ihr glänzender Goldton bringen Wärme auf den Tisch.

ETAGERE MIT BLUMEN

In der Mitte des Tisches begeistert eine Etagere aus altem Porzellan (DIY-Anleitung siehe Seite 31). Statt des obligatorischen dritten Etagentellers wird hier jedoch eine Zuckerschale zweckentfremdet. Mit einem gebohrten Loch in der Mitte lässt sie sich genauso leicht in die Etagere integrieren wie ein Teller. Der Clou ist aber, dass die Zuckerschale so zum perfekten Blumengefäß wird. Oben und unten mit hübschen Blüten gefüllt und in der Mitte verführerisch mit Petit Fours und goldenen Schokoladenherzen bestückt, wird die Etagere so zum Mittelpunkt der Tischdekoration. ▷

LÄNGER FRISCH Auf dem unteren Etagenteller werden die Blumen mit dem Stiel zur Mitte gelegt, wo ein wenig Wasser auf dem Teller dafür sorgt, dass die Blüten nicht die Köpfe hängen lassen. ▷

SÜSSE *Verführung*
in Schwarz-Weiß-Gold

Wer seine Hochzeitsgäste besonders verwöhnen möchte, überrascht sie mit einem Sweet Table – ein mit viel Liebe konzipierter Süßigkeitentisch, der zu der Farbpalette und dem Thema der Hochzeit passt. Von den Gefäßen über die Blumen bis hin zu Schildchen und Süßigkeiten geht optisch alles Hand in Hand. Die gestreifte Tischdecke und die gestreiften Cupcake-Förmchen greifen das Muster der Servietten auf dem Tisch wieder auf. Die Hochzeitstorte mit Blüte und Perlenkette steht im Mittelpunkt des Tisches. Alle anderen Elemente des Sweet Tables sind vollkommen symmetrisch arrangiert, was besonders ästhetisch wirkt. Die edlen Macarons und Petit Fours spielen mit dem Farbschema, genauso wie die zahlreichen anderen Süßigkeiten. Schokoladentäfelchen sind mit eigenen Papierbanderolen versehen, die die Namen des Brautpaares tragen. Für schöne Erinnerungen sorgen kleine Papiertütchen, in die sich die Gäste Süßigkeiten zum Mitnehmen füllen können. ∎

TISCHDEKORATION Alte Bücher, Spitzendeckchen und massenhaft altes Porzellan – eine Vintage-Inspiration par excellence!

Tea o'clock

MIT FREUNDEN FEIERN WIE DIE QUEEN

FOTOS VON ANGELA KREBS UND OLE RADACH

OH SO BRITISH – VINTAGE STYLE

Achtung, Zeit für eine Tasse Tee! Denn wer den Vintage-Stil und alles Englische liebt, der sollte es sich jetzt erst einmal mit einer guten Tasse Tee gemütlich machen und in aller Ruhe durch diese traumhafte Tea-Time-Inspiration blättern. Englisches Vintage-Porzellan ist der Star dieser Dekoration – auf und über dem Tisch! An langen Satinbändern hängen alte Teekannen, Tassen und Milchkännchen, gefüllt mit Blumen, von der Decke. Auf dem Tisch geht die Deko optisch aufs Ganze: Viele, viele Blumenarrangements in zarten Rosa-, Pfirsich- und Weißtönen lassen Herzen tanzen. Anemonen, Hyazinthen, Hortensien, Ranunkeln und – natürlich – englische Rosen sind in und auf Porzellan, alten Teedosen und Gläsern arrangiert. Wer eine original Teedose aus den 50er-Jahren ergattern möchte, muss übrigens nicht gleich nach Großbritannien reisen. Diese hier stammen von einer Online-Auktionsplattform. Für die Blumenarrangements einfach Steckmasse in einem Gefrierbeutel in die Dosen geben – so kann nichts auslaufen – und darin die Blumen dekorieren. Hier und da flattert ein Schmetterling vorbei oder blitzt das Konterfei der Queen auf: Die Illustrationen auf den Teedosen sind wunderhübsch anzuschauen und passen perfekt zur restlichen Tischdekoration. Noch mehr Abwechslung bringen Einmachgläser, die mit Spitzendeckchen umwickelt sind – sie sind als Teelichthalter oder Vasen einsetzbar. ▶

KÖNIGLICH Wo englisch gefeiert wird, darf die Queen nicht fehlen. Die alte Teedose, die anlässlich der Krönung von Queen Elizabeth II. hergestellt wurde, beherbergt nun zauberhafte Blumen statt Tee. ▽

»Mit dem Thema spielen:
Bei einer Tea Time können zum Beispiel
englisches Porzellan und alte Teedosen
als Blumenvasen eingesetzt werden.«

Alte Bücher mit farblich passenden Einbänden dienen zur Erhöhung oder werden sporadisch zwischen die Dekoration gestellt. Für noch mehr Ambiente sorgen selbst gegossene Kerzen in Porzellantassen (DIY-Anleitung siehe Seite 13), Glaswindlichter und Teelichter in mit Spitze umwickelten Gläschen. Die Drunter-und-Drüber-Optik, altes Teegeschirr, fliegendes Porzellan und kleine Dekoelemente wie alte Schlüssel und Taschenuhren erinnern an eine bekannte Geschichte: Der Tisch ist eine »Alice im Wunderland«-Inspiration für Erwachsene. Wunderschön und ein kleines bisschen verrückt. ■

HINGUCKER Kleine Details wie alte Taschenuhren oder Schlüssel sind das Sahnehäubchen der Dekoration und schlagen die Brücke zum englischen Klassiker »Alice in wonderland«. ▷

ENGLISCH Ganz elegant den Afternoon Tea mit Sandwiches und Scones zelebrieren und sich ein bisschen wie der englische Adel fühlen – welchen Gästen würde das nicht gefallen?

THERE'S ALWAYS TIME FOR TEA!

Eine richtig englische Tea Time eignet sich prima für größere Veranstaltungen wie Hochzeiten oder runde Geburtstage. Englische Spezialitäten wie Sandwiches und Scones lassen sich nicht nur gut vorbereiten, sondern bieten auch einen abwechslungsreichen Mix aus herzhaft und süß. Und dann darf geschlemmt werden: Gurken-Frischkäse- und Räucherlachs-Sandwiches und fluffige Scones. Letztere werden mit fruchtiger Erdbeerkonfitüre, Clotted Cream und Butter serviert. Was dabei zuerst auf den Scone kommt, darüber wird bis heute in England leidenschaftlich diskutiert. Egal, ob Clotted Cream oben oder unten – Scones sind einfach unvergleichlich lecker!

Die weißen Spitzendecken auf den weißen Tischdecken sorgen für einen eleganten und hellen Look. Das bunt gemischte, alte Porzellan in Pastelltönen ist mit floralen Mustern verziert, die wunderbar zu dem verspielten Look der Tische passen. Um die lockere Atmosphäre zu unterstreichen, werden die Plätze für die Gäste nicht komplett eingedeckt, sondern jeder nimmt sich das Gedeck, das ihm am besten gefällt. Eine Teekanne wird zur Vase umfunktioniert und mit einem kleinen Blumenstrauß bestückt. Außerdem steckt darin ein süßes Schild mit dem jeweiligen Tischnamen. Dafür einen Kreis mit dem Tischnamen auf buntem Papier ausdrucken, ausschneiden und mittig auf ein kleines Papierspitzendeckchen kleben. Jetzt nur noch einen Holzstab daran befestigen, fertig. Alternativ – bei freier Platzwahl der Gäste – sieht auch ein kleiner Spruch schön aus. ∎

GASTGESCHENKE Kleine Einmachgläser werden mit typisch englischem Breakfast Tea gefüllt. Dann um das Glas eine weiße Spitzenborte kleben und mit einer rosa Schleife samt Anhänger verzieren. ▷

TRADITIONELL Zum schwarzen Tee werden Milch und Zitronenscheiben gereicht.

Englische Scones

ZUTATEN (FÜR 12 STÜCK)

450 g Mehl
15 g Backpulver
2–3 kleine Prisen Salz
80 g Butter
4 EL Zucker

150 ml Milch (3,5 % Fett)
150 g Joghurt (3,5 % Fett)

Außerdem:
runder Ausstecher (ca. 7 cm Durchmesser)

Für den Belag:
Erdbeerkonfitüre
Butter
Clotted Cream (online erhältlich)

ZUBEREITUNG

Den Backofen auf 220 °C vorheizen.

Mehl, Backpulver und Salz vermengen, dann die Butter zugeben und mit der Hand in die Mehlmischung einarbeiten, bis die Butter komplett im Mehl verschwunden ist und der Teig eine krümelige Konsistenz hat. Zucker mit einem Löffel unterrühren.

Anschließend Milch und Joghurt zugeben und zügig mit einem Löffel vermengen.

Teigmasse auf eine bemehlte Arbeitsfläche geben und kurz kneten, bis ein glatter Teig entsteht. Anschließend den Teig ca. 8–10 mm dick ausrollen, mit dem Ausstecher Kreise ausstechen und diese auf ein mit Backpapier belegtes Blech geben.

Im vorgeheizten Backofen ca. 12 Minuten backen, bis die Oberfläche leicht gebräunt ist. Die Scones sind perfekt, wenn seitlich ein quer verlaufender Riss zu erkennen ist, denn einen echten Scone kann man an dieser Stelle mit der Hand leicht auseinanderbrechen.

Die Scones mit Erdbeerkonfitüre, Butter und Clotted Cream servieren.

TEE Die Kannen zunächst mit heißem Wasser füllen, um sie aufzuwärmen, dann das heiße Wasser ausgießen. Anschließend die Teebeutel hineingeben, mit heißem Wasser überbrühen und ca. 3 Minuten ziehen lassen.

Vintage-Etagere

DAS BRAUCHEN SIE 3 Porzellanteller in unterschiedlichen Größen · Bohrmaschine mit Glas- bzw. Keramikbohrer-Aufsatz, evtl. Diamantbohrer-Aufsatz · wasserfester Stift · altes Holzbrett · etwas Wasser · Schutzbrille · Gestänge (online erhältlich)

SO WIRD'S GEMACHT
Legen Sie das alte Holzbrett auf eine stabile Unterlage. Markieren Sie die Porzellanteller mit dem wasserfesten Stift auf der Unterseite in der Mitte jeweils mit einem »X«. Als Nächstes legen Sie einen der Teller mit der Unterseite nach oben auf dem Holzbrett zum Bohren zurecht. Schutzbrille anziehen! Dann etwas Wasser auf den Teller geben – das bindet den Porzellanstaub und kühlt gleichzeitig den Bohrer. Bohren Sie nun langsam und gleichmäßig durch den Porzellanteller, dabei den Bohrer leicht bewegen. Seien Sie geduldig, dies kann eine Weile dauern. Wenn Sie zu viel Druck ausüben oder der Bohrer zu heiß wird, besteht die Gefahr, dass das Porzellan springt. Anschließend das Loch bei Bedarf mit einem Diamantbohrer sauber ausfräsen. Mit den anderen beiden Tellern genauso verfahren. Zuletzt die Teller reinigen und mithilfe des Gestänges der Größe nach zu einer Etagere zusammenfügen.

COOKIE BAR

Statt einer Candy Bar bietet sich bei einem englischen Event eine Cookie Bar an – denn welcher Engländer trinkt seinen Tee schon ohne Keks? Von Mini-Shortbread bis Millionaires'-Shortbread, von Ingwer-Cookies bis Baiser-Häubchen – damit schmeckt der Tee gleich doppelt so lecker. Und wer mag, schmuggelt noch ein paar deutsche Butterplätzchen und französische Macarons darunter. Aufgebaut werden kann eine Cookie Bar auf allem, was sich vor Ort findet. Hier werden beispielsweise ein Bistro-Tisch und alte, asymmetrisch gestapelte Weinkisten miteinander kombiniert. Um den rustikalen Look der Holzkisten ein bisschen abzuschwächen, einfach etwas Spitze darauf drapieren und einseitig locker herunterfallen lassen. ■

DEKO-HIGHLIGHT Alte Requisiten sind echte Eyecatcher und können zum Beispiel beim Theater-Fundus oder Vintage-Dekorationsverleih für kleines Geld gemietet werden. ▷

ALICE IN WONDERLAND – LET'S PLAY!

Bei einem großen Fest für Erwachsene sind meistens auch Kinder an Bord. Für sie einen kleinen Extra-Tisch zu gestalten, sorgt nicht nur bei den kleinen, sondern auch bei den großen Gästen für gute Laune. Statt des alten Porzellans werden hier Pappteller in süßer Vintage-Optik und für die Getränke Milchfläschchen mit gestreiften Strohhalmen eingesetzt. Die Tischdekoration ist einfach, aber effektvoll: An der Seite steht eine kleine Blumenwiese mit versteckten Spielkarten und einer Mini-Girlande. An den Zylindern des verrückten Hutmachers sind Anhänger angebracht, auf denen die Kinder ihr eigenes Foto entdecken. Das ist eine besonders nette Idee, da kleine Kinder keine Platzkarten lesen können und so trotzdem ihren Platz finden. Um keine Langeweile aufkommen zu lassen, können die Kids zum Beispiel mit einem »Alice im Wunderland«-Spielkartenset ein Kartenhaus auf dem Tisch bauen.

KINDERTISCH Süße Einweg-Teller in Porzellan-Optik, geblümte Papier-Spitzendeckchen, rosa-weiß gepunktete Servietten und kleine Milchfläschchen mit Strohhalmen: So feiern die Kids ihre ganz eigene, fröhliche Tea Time. ◄

BOTANIK Durch einzelne Blüten und Blätter wird auch auf dem Kuchenbüfett mit dem Thema »Botanik« gespielt.

Botanica

WILD FEIERN IM GARTEN

FOTOS VON HANNA WITTE

GESCHIRR Porzellan mit viel Grün, Blumen und Blättern passt perfekt zur botanischen Idee.

Tortenfähnchen

DAS BRAUCHEN SIE Masking Tape · Kraftpapier · Papierstanzer in verschiedenen Formen · Schaschlikspieße · Flüssigkleber · Schere

SO WIRD'S GEMACHT Ein Stück Masking Tape (ca. 9 cm lang) abschneiden, um einen Schaschlikspieß legen und die Enden bündig aneinanderkleben. Mit der Schere jeweils ein kleines Dreieck ausschneiden – und fertig ist das Fähnchen! Aus dem Kraftpapier diverse Formen ausstanzen. Auf ein ausgestanztes Stück Papier einseitig Kleber auftragen, Schaschlikspieß darauflegen und ein gleich geformtes Stück Papier obenauf platzieren. Dann trocknen lassen. Anschließend die Fähnchen mit der Schere auf unterschiedliche Längen kürzen, nach Belieben beschriften und kreuz und quer oben in die Torte stecken.

KUCHENBÜFETT MIT WILDWUCHS

Alte botanische Zeichnungen sind die Inspiration hinter dieser wild-romantischen Dekorationsidee. Wer im Garten feiert, für den bietet eine Dekoration im Botanik-Stil unendlich viele Möglichkeiten, um mit dem Pflanzenthema zu spielen. Für den Nachmittag lässt sich alles prima in Form eines Kaffee- und Kuchenbüfetts arrangieren. Hingucker ist die bodenlange Tischdecke, die farbenfroh mit vielen verschiedenen botanischen Pflanzenzeichnungen bedruckt ist. Die beiden Torten sind mit Farnblättern verziert und sitzen ganz rustikal auf einer alten Holzkiste und einem Moosbett. Statt Tortenheber sorgt stilecht ein kleines hellgrünes Gartenschaufel-Set für ein Schmunzeln bei den Gästen. Die Red Velvet Cupcakes sind auf einer Etagere angerichtet, hier und da schauen Blüten und Blätter hervor. Außerdem sind einige Cupcakes unter Glas auf langstieligen, kleinen Glasplatten zu entdecken. Als Blumendeko dienen alte braune Apothekerflaschen mit ausladenden Gartenblüten und vor dem Tisch begeistert eine alte Holzkiste mit Glasflaschen, in die lange Gräser und Blumen gesteckt werden. Kleine Girlanden, die sich beispielsweise kurzerhand zwischen zwei Bäumen spannen lassen, komplettieren das Bild. Dafür aus einem Poster mit botanischen Zeichnungen Dreiecke ausschneiden und sie mithilfe eines Lochers und einer langen Schnur zu einer Wimpelgirlande verbinden. ■

KUCHEN Dieser Naked Cake wird auf einer Glastortenplatte, umgeben von Moos, präsentiert und von einer Kaskade von grünen Blättern und Farnblättern geschmückt. ▷

BÜFETT Garten und Pflanzen bieten den perfekten Hintergrund für den Star des Nachmittags: das botanische Kuchenbüfett. Die Tischdecke mit alten botanischen Zeichnungen und die Vintage-Flaschen mit langstieligen Blumen und Gräsern gehen Hand in Hand mit der Idee.

Red Velvet Naked Cake

ZUTATEN 640 g Butter · 800 g Zucker · Bourbon-Vanille oder Mark von 1 Vanilleschote · 8 Eier (Größe M) · 500 g Buttermilch · rote Lebensmittelfarbe (Pulver) · 520 g Mehl · 6 g Backpulver · 4 g Salz · 40 g Kakaopulver · 600 g Frischkäse

ZUBEREITUNG

Für den Boden 240 g Butter, 600 g Zucker und etwas Bourbon-Vanille oder das Mark einer halben Vanilleschote mit den Quirlen des Handrührgeräts schaumig schlagen. 4 Eier nach und nach zugeben.

Anschließend die Buttermilch mit der roten Lebensmittelfarbe vermengen. Danach Mehl, Backpulver, Salz und Kakaopulver sieben, vermischen und abwechselnd mit der Buttermilch in die Masse rühren.

Den Teig nun zur Hälfte in eine mit Backpapier ausgelegte, runde Backform (ca. 18 Zentimeter Durchmesser) geben und bei 175 °C ca. 50 Minuten backen. Eine Stäbchenprobe machen, gegebenenfalls noch einige Minuten weiterbacken. Den Boden in der Backform abkühlen lassen, dann auf ein Kuchengitter stürzen und vollständig auskühlen lassen. Danach in einem zweiten Durchgang die andere Hälfte des Teiges backen.

In der Zwischenzeit die Füllung vorbereiten. Dazu 400 g Butter, 200 g Zucker und die restliche Vanille schaumig rühren. Die übrigen 4 Eier trennen, das Eiweiß (ca. 100 g) zur Butter-Zucker-Mischung geben und weiter gut aufschlagen. Den Frischkäse glatt rühren und in die Buttercreme mischen.

Jeden Boden waagerecht halbieren, sodass insgesamt 4 Böden entstehen. Den unteren Tortenboden mit etwas Buttercreme auf der Tortenplatte oder dem Tortenständer fixieren und mit Buttercreme bestreichen. Weitere Böden schichten und bestreichen, den vierten Boden als Tortendeckel auflegen. Die Torte ca. 30 Minuten kühlen, bis die Masse fest wird.

Red Velvet Cupcakes

(FÜR 15–20 STÜCK)

Für die Cupcakes das Rezept halbieren. Bei der Zubereitung wie oben beschrieben vorgehen. Den Teig statt in die Backform gleichmäßig zu jeweils drei Vierteln in Cupcake-Förmchen füllen. Bei 175 °C ca. 20–25 Minuten backen, eventuell eine Stäbchenprobe machen.

HÄNGENDE DEKO
Ein »Kronleuchter« aus Wollfäden in verschiedenen Farbabstufungen, getoppt von einer Blumenkrone, überrascht im Garten. Für den Abend eine oder mehrere LED-Kerzen hineinsetzen, die im Dunkeln für Stimmung sorgen.

MAGISCHE BOTANIK-WELT AM ABEND

Wer Freunde oder Familie abends zu einem lauschigen Essen im Garten einlädt, sorgt mit einer magisch-mystischen Botanik-Welt in der Mitte des Tisches für ein absolutes Highlight. Dafür zunächst die Hauptdekoelemente entlang der Tischmitte verteilen. Als Vasen passen wunderbar alte grüne und braune Apothekerflaschen, dazu große und kleine Glasglocken, Glaskugeln und -gefäße, die wie Terrarien mit Pflanzen und Blumen bestückt werden. Dazwischen locker kleine Baumscheiben verteilen, auf die hellgrüne und cremefarbene Stumpenkerzen gesetzt werden. Zu den Tellern hin auslaufend anschließend Moos auf dem Tisch auslegen. Vintage-Porzellantassen, die hier und da wie zufällig in die Dekoration gelegt werden und in denen sich vereinzelt Blüten befinden, komplettieren die magische Wald- und Pflanzenwelt.

Bei der Blumendeko passen alle Arten von Gräsern, Blättern und Grünpflanzen. Dazu am besten Blumen auswählen, die farblich eher zurückhaltend sind, um der Gesamtszenerie nicht die Show zu stehlen. Hier sind es beispielsweise Blumen mit hellen Blüten und gelben Akzenten sowie lilafarbene Blüten. Für die Tischdecke wird ein leichter, hellbrauner Leinenstoff gewählt; die Servietten sind aus dem gleichen Material und zu einer Tasche gefaltet. Hierin finden die Gäste eine Menükarte mit Blume. Die Gläser sind farbig gemischt: aus kräftigem grünen und zart transparentem Glas. ∎

EDEL Floral verzierte Vintage-Tassen mit Blüten finden sich hier und da zwischen der Tischdekoration und werten den Look auf. ▷

KREATIV SEIN Alles, was zum Botanik-Thema passt, ist auf dem Tisch erlaubt: Glasglocken, Terrarien, Vasen, Blumen und Gräser. Das dazwischen gelegte Moos verbindet die einzelnen Elemente zu einer zusammenhängenden Fläche.

»*Die Grün- und Brauntöne* in ihren unterschiedlichen Nuancen schaffen eine *harmonische Farbwelt*, die perfekt zum Botanik-Thema passt.«

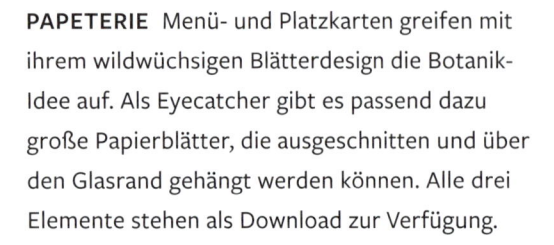

PAPETERIE Menü- und Platzkarten greifen mit ihrem wildwüchsigen Blätterdesign die Botanik-Idee auf. Als Eyecatcher gibt es passend dazu große Papierblätter, die ausgeschnitten und über den Glasrand gehängt werden können. Alle drei Elemente stehen als Download zur Verfügung.

MENÜ
Variation vom Ziegenkäse
mit buntem Salat
und Wildkräuternest

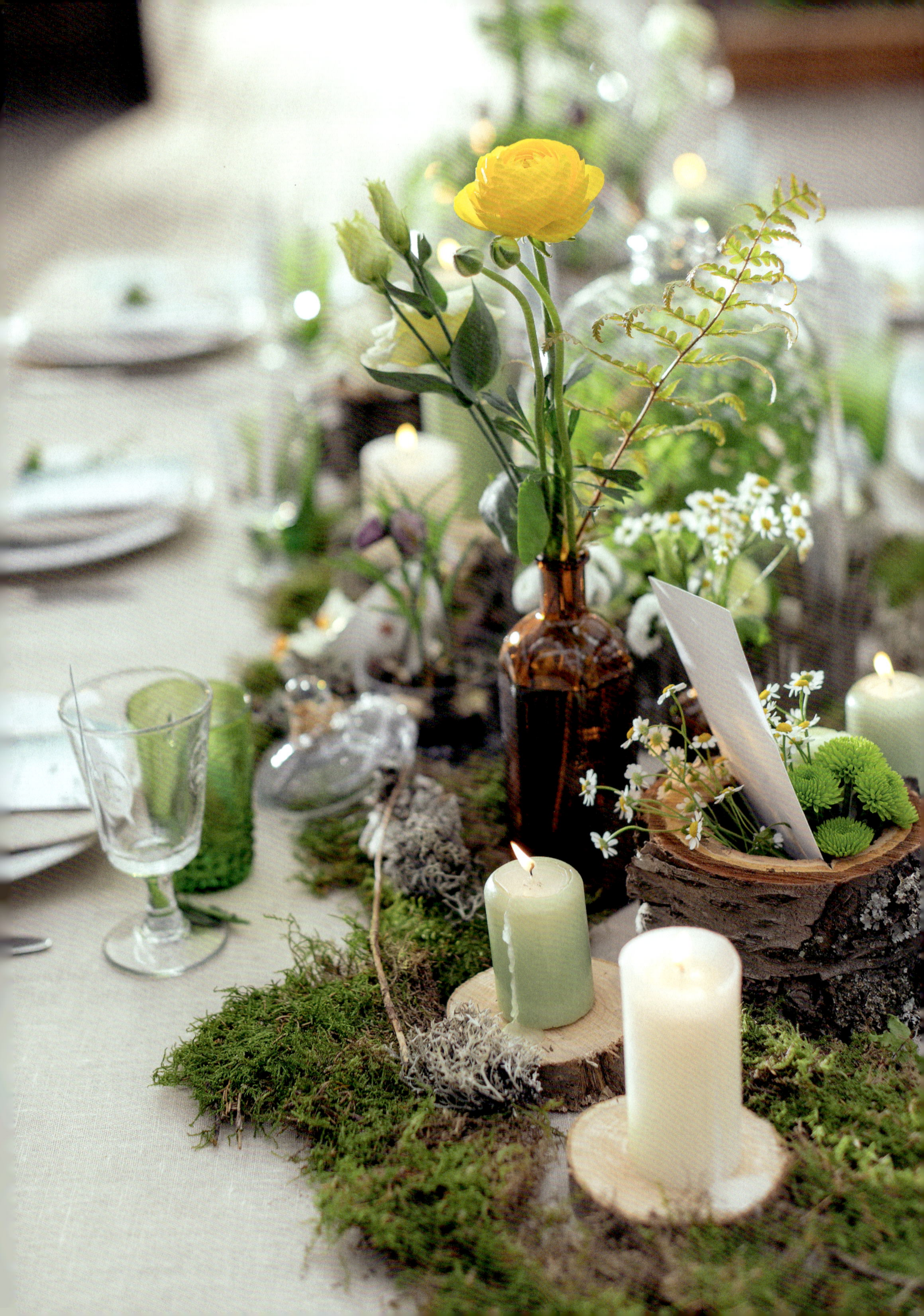

BLUMEN Viele helle Blumen – teilweise mit gelben Akzenten – ergänzen die Dekoration. Dazu zählen Kamille, Ranunkeln, Narzissen, Lisianthus, Schneeball und die Blüten von Wilden Möhren. Weitere Farbtupfer bilden Blüten in dunklen Lilatönen wie Sterndolden und Schachbrettblumen. Sie alle fügen sich harmonisch in die botanische Welt ein.

Beautiful flowers

LICHT In der Dunkelheit kommt die botanische Welt auf dem Tisch wunderschön zur Geltung. Die vielen Stumpenkerzen sorgen für ein mediterranes Lebensgefühl, ebenso wie die kreuz und quer in den Bäumen gespannten Lichterketten. Wer mag, verteilt auch noch große und kleine Windlichter mit Kerzen im Garten.

STIMMUNG
am Abend

SPITZENLÄUFER
Der hellgraue Tischläufer mit seinem floralen Muster erinnert an französische Spitze und bringt Eleganz und Leichtigkeit auf den rustikalen Holztisch.

Ein Hauch Provence

EIN FRANZÖSISCH INSPIRIERTER TISCH FÜR DEN ABEND MIT FREUNDEN

FOTOS VON HANNA WITTE

KERZEN Viele weiße Stumpenkerzen – kreuz und quer zwischen den Vasen verteilt – sorgen für Gemütlichkeit und warmes Licht.

EIN HAUCH PROVENCE

Oh, là, là: Rustikal-provenzalischer Charme trifft auf französische Leichtigkeit. Augenblicklich duftet es nach Flieder und Lavendel und auf einmal meint man in der Abenddämmerung die Grillen in den weiten Feldern der wilden Provence zu hören. Im Handumdrehen lässt sich ein großer, roh behauener Holztisch in eine hübsch gedeckte Tafel mit französischem Flair verwandeln. Als Farbpalette werden Flieder- und Lavendeltöne sowie Salbei-Grün und helles Grau gewählt.

Ein zarter grauer Spitzenläufer bildet die anmutige Vintage-Grundlage für die Dekoration in der Mitte des Tisches. Über die gesamte Länge der Tischplatte ist er bewusst mit lockeren Falten ausgelegt, um das ungezwungene Gefühl eines französischen Sommerabends zu untermalen.

Sowohl die moderne Form als auch das Wabenmuster der hellen Blumengefäße setzen einen spannenden Kontrapunkt, wobei Letzteres wunderbar mit dem Rattanmuster der alten Vintage-Holzstühle harmoniert. Die vielen Vasen sind mit üppigem Flieder, einzelnen Lavendelstängelchen und weißem Lisianthus gefüllt. Für eine mediterrane Atmosphäre sorgen blühender Rosmarin und Salbeiblätter, die als Grün zusammen mit Eukalyptus- und Olivenzweigen zwischen die Blumen gesteckt werden. Gemeinsam mit dem Blütenduft erfüllen sie die Luft mit einem Hauch Provence. Wiederkehrende Motive innerhalb einer Tischdekoration – beispielsweise die Olivenzweige in den Vasen und auf den Menü- und Platzkarten, der Olivenkranz an der Wand und die an Olivenzweige erinnernden Ornamente auf den Tellern – sorgen für einen harmonischen Gesamteindruck und zeigen, dass der Gastgeber oder die Gastgeberin die Dekoration mit viel Liebe zum Detail zusammengestellt hat. ▸

FLIEDER-LIEBE Das sanfte Grün von Eukalyptus-Blättern passt wunderbar zu hellen Blütentönen wie Flieder, Rosa und Weiß. ▷

»Stundenlang mit **Freunden** zusammenzusitzen und **gutes Essen** zu genießen, ist der Inbegriff eines *mediterranen Lebensgefühls*.«

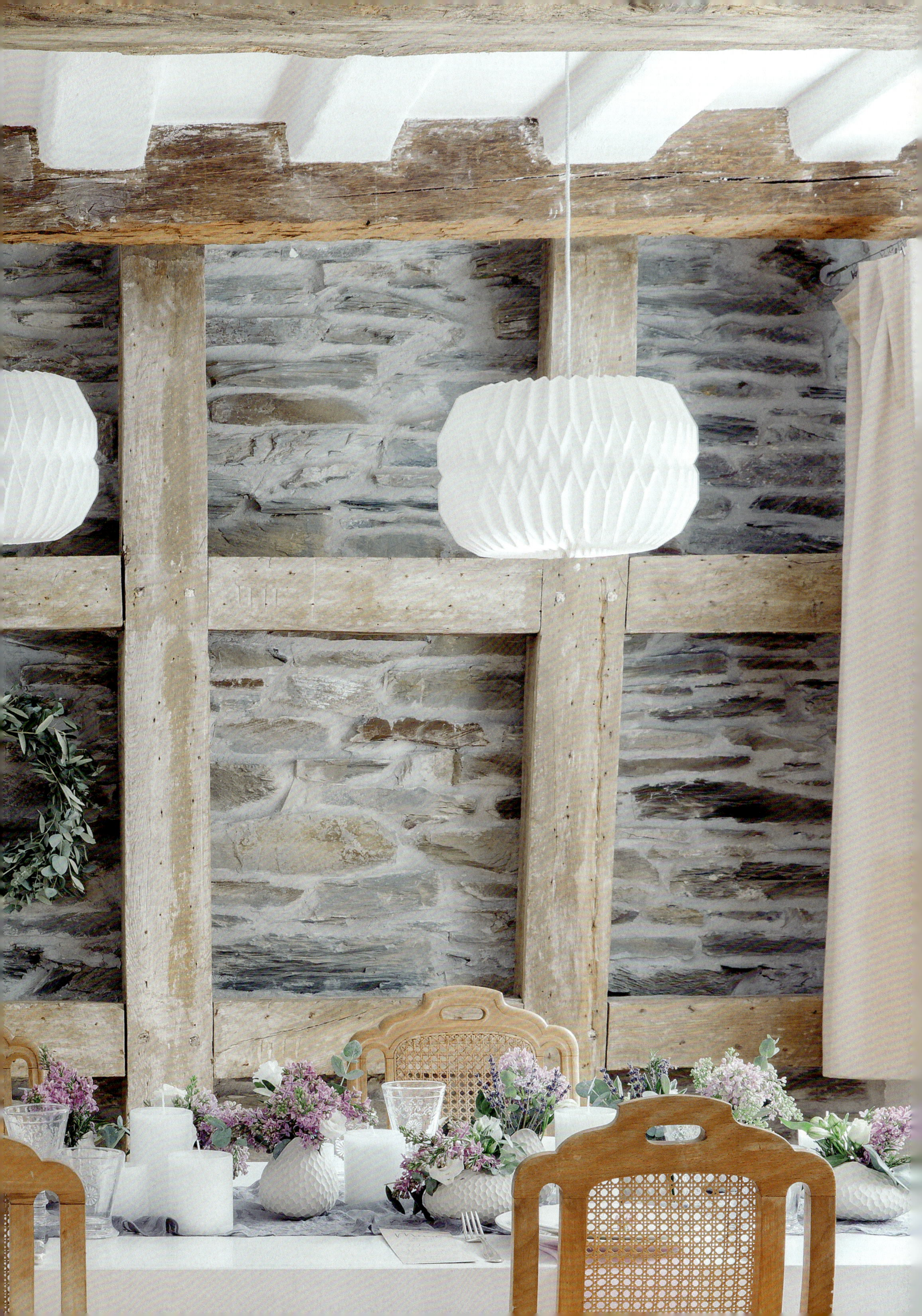

Odette

EIN HAUCH PROVENCE

SPITZENBAND Alternativ zu der klassischen Besteckanordnung links und rechts vom Teller können Messer und Gabel auch über Kreuz mit einem weißen Spitzenband zusammengebunden werden, das sanft über den Tellerrand fällt. ◄

BLÜTEN Auch das Essen kann mit kleinen Blumensträußchen aus Lavendel oder Fliederblüten dekoriert werden.

EIN HAUCH PROVENCE

Servietten mal anders: Statt wie üblicherweise auf dem Tisch platziert, sind die fliederfarbenen Leinenservietten hier längs auf ein Drittel gefaltet, unter den Teller gelegt und hängen locker über die Tischkante nach unten. Das passt super zum rustikalen Look der Tafel – genauso wie die Holzschalen für Baguette und Feigen. Roh behauen und mit leicht gräulicher Patina spiegeln sie das Holz des Gebälks wider.

BON APPETIT

Analog dazu ist Kraftpapier perfekt für die Papeterie des Abends: Menükarten, Platzkarten und kleine Fähnchen haben den gleichen braun-grauen Farbton. Die Menükarten finden sich neben den Tellern und die Namenskarten sind zusammen mit einer kleinen Fliederblüte in der Mitte jedes Tellers platziert. Für die Fähnchen einfach typisch französische Ausdrücke wie »Oh, là, là«, »La vie est belle« oder »Bon Appetit« ausdrucken, länglich ausschneiden und mit einem Zahnstocher durchstechen.
Hier und da auf der Käseplatte eingesetzt, sorgen sie für ein Schmunzeln bei den Gästen. Auch das Essen kann mit kleinen Blumensträußchen aus Lavendel oder Fliederblüten dekoriert werden. ■

MENÜKARTE Die Menükarte aus Kraftpapier ist schlicht gehalten: Sie wird oben und unten von einem angedeuteten Olivenzweig eingerahmt und ist in Flieder und Grau bedruckt. ▲

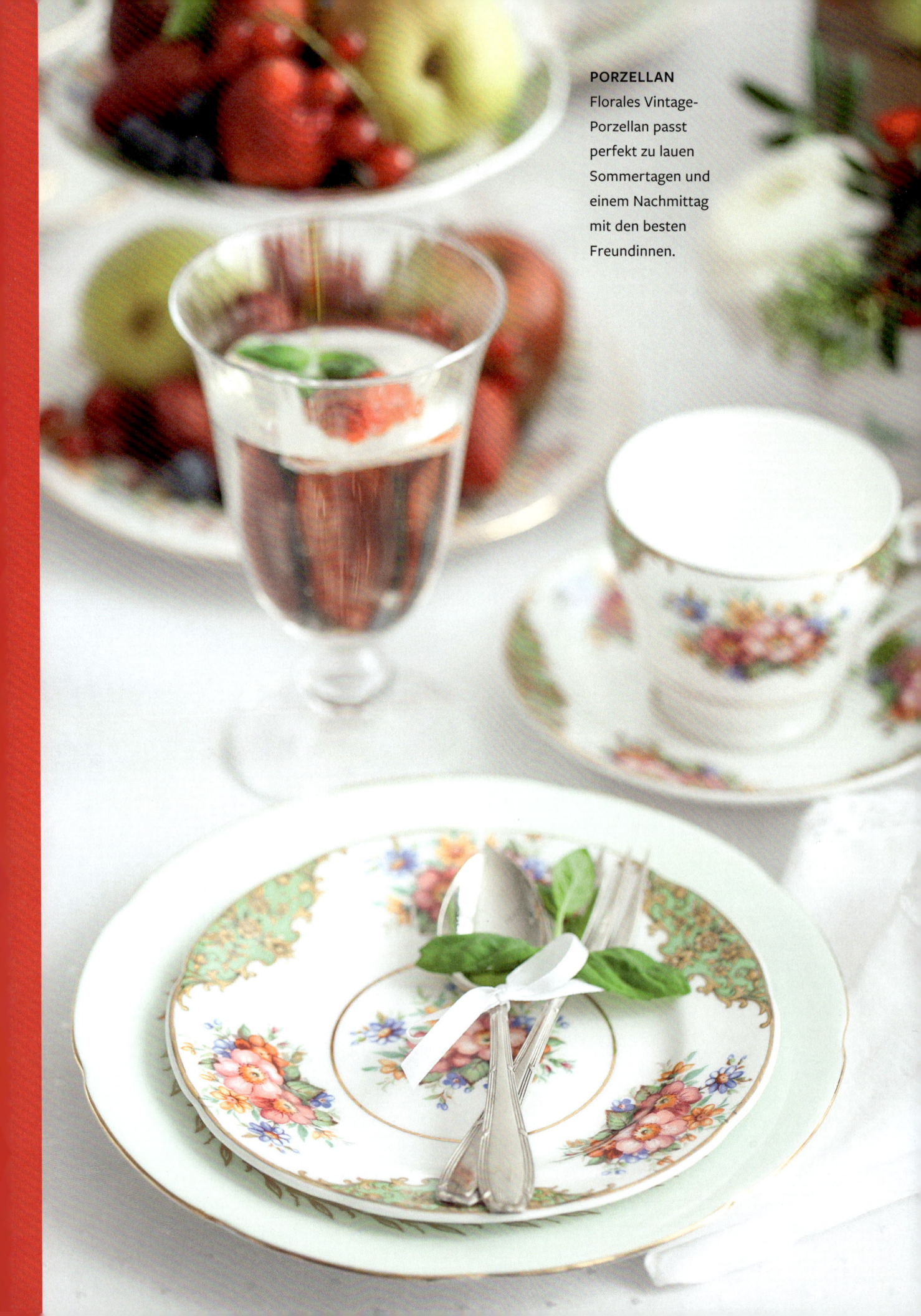

PORZELLAN
Florales Vintage-Porzellan passt perfekt zu lauen Sommertagen und einem Nachmittag mit den besten Freundinnen.

Obst in Hülle und Fülle

MÄDELS-KAFFEEKLATSCH MIT SOMMER-FEELING

FOTOS VON KATHRIN HESTER

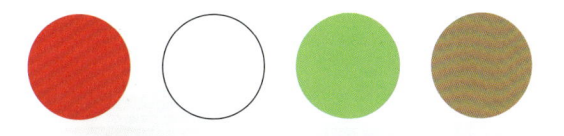

Mmmh, Sommer! Grünes Gras, schwingende Sommerkleider und schattige Plätzchen laden zu einem entspannten Mädels-Kaffeeklatsch ein. Ob drinnen bei geöffneter Balkontür oder draußen im Garten – ein bunt gedeckter Tisch mit floralem Vintage-Porzellan und herrlich frischem Obst sorgt für die extra Portion Sommerfeeling. Alle, die gerne Ton in Ton dekorieren, werden die klassische Farbkombination Rot, Grün und Weiß bei dieser Gelegenheit lieben. Denn die Farben – abgestimmt auf die Blumenmuster des Porzellans – finden sich im Überfluss in Blumen und Obst wieder und lassen sich so ohne großen Aufwand in die Tischdeko integrieren. Hingucker in der Tischmitte ist eine alte Teekanne, die mit roten Rosen, weißen Margeritenchrysanthemen und Wachsblumen sowie gelben Goldruten gefüllt ist. An der Seite des Tisches stehen kleine hölzerne Obstkisten, die jeweils zur Hälfte mit Blumen und Obst bestückt sind. Damit das bezaubernde Porzellan seine volle Wirkung entfalten kann, wird auf weitere Dekoelemente bewusst verzichtet. ▶

BLUMEN Auch die Blumen sind in Vintage-Porzellan arrangiert, entweder in einer alten Teekanne oder – wenn etwas mehr Höhe gewünscht wird – in einer Kaffeekanne. ◀

ROT-GRÜN-WEISS
Von den Blumen über das Obst bis hin zum Porzellan – auf dem Tisch geht farblich alles Hand in Hand.

»*Obst* passt nicht nur *perfekt zum Sommer*,
sondern wird hübsch arrangiert
auf dem Tisch auch
zum *echten Hingucker*.«

OBST IN HÜLLE UND FÜLLE

Die Leichtigkeit dieses Sommertages spiegelt sich auch im Arrangement wider: Weiße Servietten mit Spitzenrand gesellen sich zu Kaffeelöffel und Kuchengabel, die – auf dem Teller zusammengelegt – mit einem kleinen weißen Schleifchen sowie einem Minzstängel versehen werden. Beeren, Birnen und Weintrauben, hübsch platziert auf einer Porzellan-Etagere in der Mitte des Tisches, eignen sich ganz wunderbar für einen sommerlichen Nachmittagskaffee, bei dem die Gäste oft lieber nur ein Stückchen Kuchen nehmen und dafür umso mehr Obst dazu – einfach weil's so schön erfrischend ist. Apropos erfrischend: Ein gekühltes Glas Prosecco mit Erdbeeren und Minze passt natürlich prima zum Thema. Beim Kuchen ist etwas Leichtes angebracht – eine Quark-Torte aus dem Kühlschrank mit Löffelbiskuit-Rand und Beeren-Topping ist angenehm kühl und schmeckt lecker. Präsentiert auf einer Vintage-Glastortenplatte und verziert mit einem weißen Spitzenband lädt sie zum Zugreifen ein. ■

GETRÄNKE Prosecco – oder als alkoholfreie Variante Ginger Ale – mit Erdbeeren und Minze erfrischt an warmen Sommertagen. ▷

TELLER Platzteller in leichtem Pastellgrün ergänzen den sommerlichen Look.

Beeren-Quark-Charlotte mit Keksboden

ZUTATEN

300 g gemischte Beeren (TK)
300 g Löffelbiskuits
120 g Butter
9 Blatt Gelatine

700 g Magerquark
110 g Zucker
2 Päckchen Vanillezucker
200 g Sahne

15 g Puderzucker
frische Beeren für die Dekoration
(z. B. Erdbeeren, Johannisbeeren, Heidelbeeren)

ZUBEREITUNG

Tiefkühlbeeren antauen lassen. Löffelbiskuits in einer mit Backpapier ausgelegten Springform (18 cm ø) mit der Zuckerseite nach außen am Rand entlang dicht nebeneinander zu einem Kreis aufstellen.

Für den Tortenboden die restlichen Löffelbiskuits in einen Gefrierbeutel füllen und den Inhalt mit einem Nudelholz fein zerbröseln. Butter in einem kleinen Topf zerlassen und mit den Bröseln vermischen. Bröselmasse in die Springform geben und mit den Händen vorsichtig bis an die Löffelbiskuits andrücken. In den Kühlschrank stellen.

Gelatine in kaltem Wasser nach Packungsanweisung einweichen.

Quark, Zucker und Vanillezucker in eine Schüssel geben und mit den Quirlen des elektrischen Handrührgeräts vermengen.

Gelatine ausdrücken und unter Rühren bei schwacher Hitze in einem Topf erwärmen. 3 EL Quarkcreme in die Gelatine rühren, dann die Masse unter die restliche Quarkcreme ziehen. Ca. 10 Minuten kalt stellen, bis die Creme zu gelieren beginnt. Sahne steif schlagen.

Die angetauten Tiefkühlbeeren mit dem Puderzucker pürieren und zügig unter die Quarkcreme ziehen. Dann die Sahne unterheben.

Die Quarkcreme vorsichtig auf den Tortenboden in die Springform geben und glatt streichen. Die Torte über Nacht in den Kühlschrank stellen.

Vor dem Servieren die Torte vorsichtig aus der Form lösen und das Backpapier entfernen. Die Beeren verlesen und die Charlotte nach Belieben mit frischen Beeren dekorieren. Zum Abschluss ein Spitzenband um die Torte binden.

MARITIM Muscheln, alte Seekarten, Treibgut, nautische Geräte und eine wunderschöne Farbpalette in Blautönen sind die Grundlage für eine Dekoration im maritimen Stil.

Strandgut

EIN SEEFAHRER-ABENTEUER MIT FREUNDEN

———

FOTOS VON VIOLETA PELIVAN

DEKO-INSEL Bei einem runden Tisch kommt das maritime Thema besonders gut zur Geltung, da die Dekoration wie eine kleine runde Insel in der Mitte arrangiert werden kann.

Meeresrauschen lauschen, Muscheln sammeln, Seeluft schnuppern: Am Meer sein heißt entspannt sein. Diese relaxte Ozean-Stimmung ist die Idee hinter dieser Tischdekoration im nautisch-maritimen Vintage-Stil. Die Farbpalette hierfür besteht ganz klassisch aus drei verschiedenen Blautönen. Dazu wird ein heller Holzton kombiniert, der an Treibholz erinnert. Wie eine kleine Insel sitzt die Dekoration in der Mitte des runden Tisches. Immer wieder gibt es Neues, Überraschendes zu entdecken, je nachdem, aus welchem Winkel die Gäste die Inszenierung betrachten – ganz im Sinne von Strandgut eben.

Der erste Eyecatcher des Ensembles ist die alte Seekarte, die in der Mitte des Tisches ausgelegt ist. Hierfür eignen sich hervorragend Tapeten mit alten Seekartendrucken. Kleben Sie zunächst zwei Tapetenbahnen nebeneinander auf Pappe auf und schneiden Sie anschließend einen Kreis mit einem Meter Durchmesser aus. Die Seekarte definiert nun Ihren Dekorationsraum. Bei einem runden Tisch ist es fürs Auge besonders schön, die Dekoration in der Mitte etwas höher zu gestalten und zu den Tellern hin auslaufen zu lassen. Achten Sie jedoch darauf, nicht zu hoch zu werden, damit die Deko beim Gespräch später nicht stört. Kleine graubraune Holzkistchen in zwei unterschiedlichen Höhen bilden die Basis für die unterschiedlichen Elemente. Grazile Glasvasen im Vintage-Stil und weiße Retrovasen werden kreuz und quer verteilt. Sie sind gefüllt mit weißen Anemonen, Ranunkeln und Astilben sowie blauen Hortensien, Disteln und Rittersporen. Dazwischen findet sich immer wieder Thlaspi Green Bell, ein längliches Bindegrün, das bei den Blumenarrangements an eine Unterwasserwelt denken lässt. ▶

TELLER Die blau-weißen Teller mit ihrem historischen Muster von 1880 passen optisch prima zum Vintage-Thema und der Tapete mit den alten Seekarten. ▽

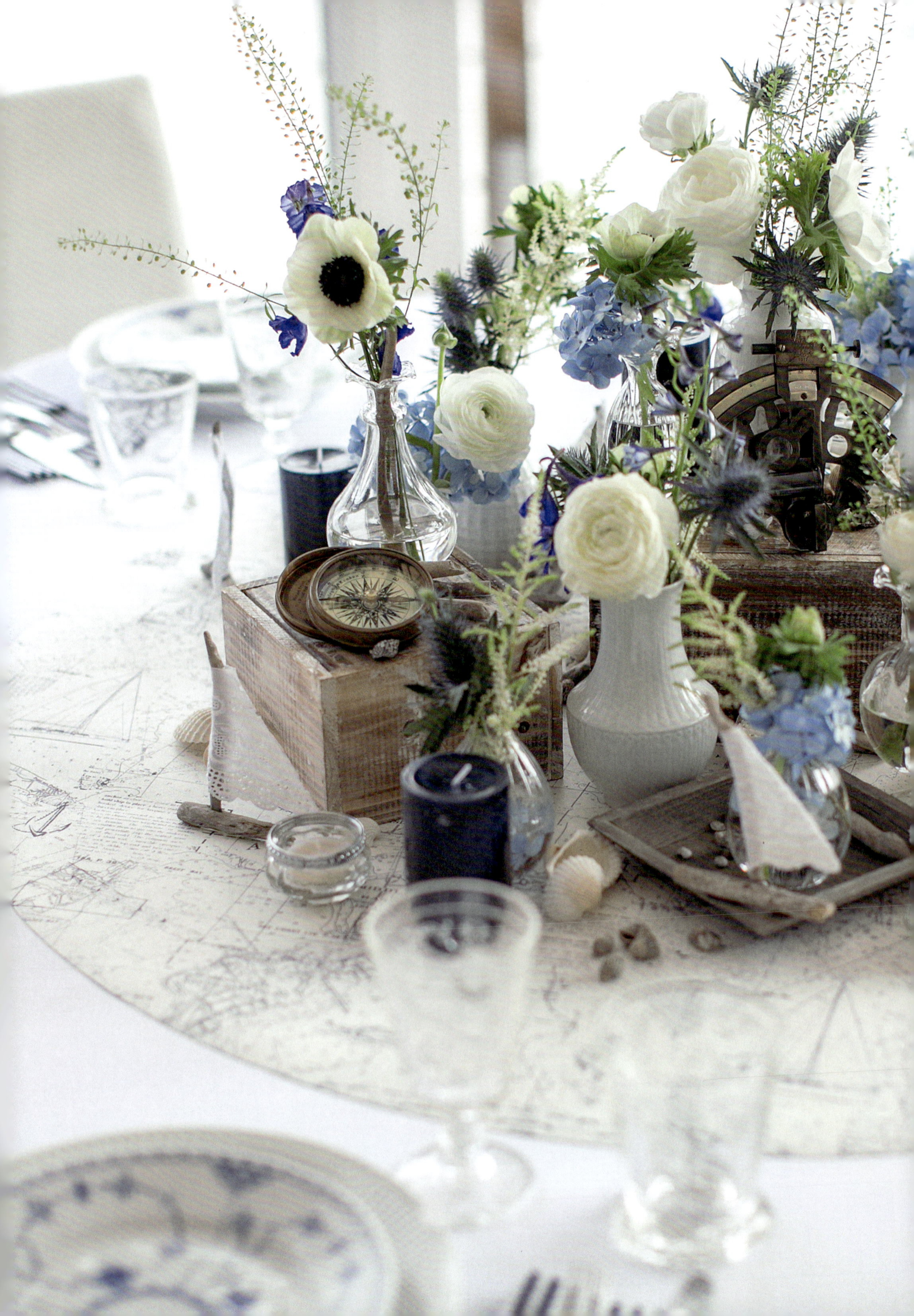

»*Viele kleine Dekoelemente lassen die Gäste zu **Entdeckern** werden, die immer wieder Neues und Überraschendes in der Tischdekoration finden.*«

TAPETE Ein Kreis aus einer Tapete mit alten Seekarten definiert den Dekorationsraum und spielt wunderbar mit dem nautischen Thema. ▲

LEICHTIGKEIT Glasvasen, helles Holz, die weiße Tapete und die zierlichen Blumenarrangements bringen Leichtigkeit in die Dekoration.

Ein weiteres Element sind Kerzen: Marineblaue Stumpenkerzen und Teelichter in flachen, gläsernen Haltern sorgen am späten Abend für eine gemütliche Stimmung beim Essen mit Ihren Freunden.

Typisch nautische Geräte im Vintage-Stil wie ein Sextant oder Kompasse aus Messing setzen die passenden Akzente. Letztere müssen nicht original sein – sie lassen sich relativ günstig als Nachbildungen online erwerben. Kleine handgemachte Segelboote aus Treibholz und alter Spitze sowie große Jakobsmuschelschalen und locker verstreute kleine Muscheln runden den maritimen Look ab.

Das Porzellan ist farblich stimmig in Blau-Weiß gehalten. Das als »Musselmalet« bekannte Muster wurde bereits 1880 designt. Die Teller werden noch heute wie vor über hundert Jahren mit der Hand bemalt – genau 1.197 Pinselstriche finden sich auf jedem einzelnen Stück. Das Muster erinnert an Muscheln und mit seiner optischen Vierteilung eignet es sich hervorragend für eine leckere Meeres-Vorspeise: Jakobsmuscheln auf Algen-Orangen-Salat mit viererlei Gewürzen.

Die marineblauen und weißen Streifen der Servietten sind typisch maritim und optisch ein spannendes Gegengewicht zum verspielten Design der Teller. Zwischen dem Besteck grüßt ein kleines Sträußchen aus weißem Schleierkraut, das auf ein Stück Treibholz gebunden wird. Die Wein- und Wassergläser haben analog zum Thema ebenfalls ein Muschelrelief. ∎

Segelboote mit Spitze

DAS BRAUCHEN SIE Treibhölzer (ca. 8 cm, Dekobedarf) · alte Wäschespitze · Holzbohrer · doppelseitiges, durchsichtiges Bastelklebeband · Sekundenkleber · Schere

SO WIRD'S GEMACHT Suchen Sie ein Stück Treibholz heraus, das unten eine gute Standfläche hat. Bohren Sie mittig ein kleines Loch in das Holzstück. Suchen Sie ein zweites Stück Treibholz heraus, das unten spitz zuläuft und ungefähr in das gebohrte Loch passt. Bevor Sie die beiden Stücke verbinden, schneiden Sie zunächst ein dreieckiges Stück aus der Wäschespitze heraus. Dieses legen Sie einmal um das Holzstück, das als Mast gedacht ist. Fixieren Sie den Stoff mit Doppelklebeband. Dann in das gebohrte Loch des ersten Holzstücks etwas Sekundenkleber geben und das Segel hineinsetzen. Ausbalancieren und trocknen lassen.

STRANDGUT

SERVIETTEN In die gestreiften Servietten wurde eine Tasche gefaltet, die optisch Bewegung in die Streifen bringt. Hierin lässt sich auch gut eine Menükarte unterbringen. Ein Sträußchen Schleierkraut, an ein Stück Treibholz gebunden, ist ein weiterer Hingucker. ▷

Aromen-Salze

Besondere Salze wie Fleur de Sel aus Frankreich, Portugal, Spanien oder Italien, Hawaii Salz oder australisches Murray River Salz sind derzeit sehr gefragt und daher oftmals sehr teuer. Alternativ können Sie außergewöhnliche Salze auch selbst herstellen. Besonders gut eignet sich hierfür Wüstensalz, da es günstiger und sehr rein ist. Hier drei Beispiele als Start für Ihre persönliche Salz-Kollektion.

ROSMARIN-SALZ

ZUTATEN
1 Bund Rosmarin
(nur die Nadeln, fein gehackt)
5 EL Silver Crystal Kalahari Wüstensalz

ZUBEREITUNG
Alle Zutaten miteinander vermischen und im Ofen ca. 1 Stunde bei 60 °C auf einem mit Backpapier belegten Blech trocknen. Danach in einem Mörser fein zerstoßen.

ZITRONEN-SALZ

ZUTATEN
2 EL Abrieb von 4 Bio-Zitronen
(Achtung, nur die gelbe Schale!)
5 EL Silver Crystal Kalahari Wüstensalz

ZUBEREITUNG
Alle Zutaten miteinander vermischen und im Ofen ca. 1 Stunde bei 60 °C auf einem mit Backpapier belegten Blech trocknen. Danach in einem Mörser fein zerstoßen.

VANILLE-PFEFFER-SALZ

ZUTATEN
2 Vanillestangen
5 EL Silver Crystal Kalahari Wüstensalz
2 EL rote Pfefferkörner
(rosa Beeren)

ZUBEREITUNG
Die Vanillestangen der Länge nach halbieren, das Mark herauskratzen und mit dem Salz vermischen. Im Ofen ca. 1 Stunde bei 60 °C auf einem mit Backpapier belegten Blech trocknen. Danach die Pfefferkörner dazugeben und in einem Mörser fein zerstoßen.

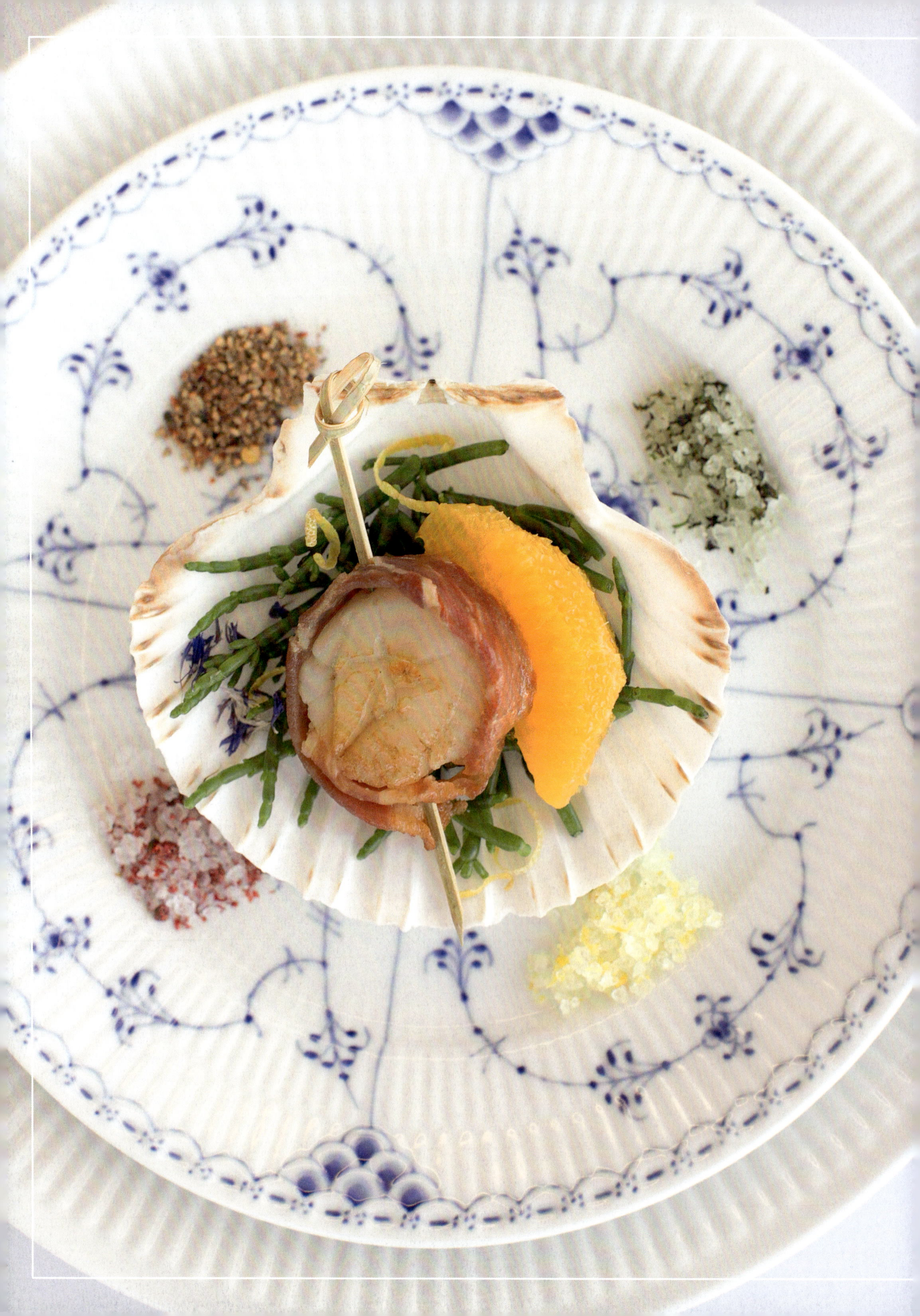

Jakobsmuschel gefüllt mit Birne und Wasabi in Salbei-Bacon-Skin

ZUTATEN (FÜR 6 PORTIONEN)

Für die Muscheln:

- 6 frische, große Jakobsmuscheln (Coquille St. Jacques)
- 1 Birne (geschält, fein gewürfelt)
- 1 Schalotte (sehr fein gewürfelt)
- 1 TL Wasabi (aus der Tube, Asia-Geschäft)
- 6 Scheiben Bacon

Für die Marinade:

- 3 EL Ketchup
- ½ TL Worcester Sauce
- 1 EL Honig
- »Oriental Style« Gewürzmischung aus der Mühle

Außerdem:

- 12 Holzpicker
- 6 Jakobsmuschelschalen

ZUBEREITUNG

Alle Zutaten für die Marinade verrühren. Birnen- und Schalotten-Würfel mit der Wasabi-Paste vermengen. In die Jakobsmuscheln eine Tasche schneiden und die Mischung hineingeben.

Anschließend die Muscheln jeweils mit dem Speck umwickeln, mit zwei Holzpickern fixieren und mit der Marinade einpinseln. Zum Schluss großzügig mit der Würzmischung würzen. Auf dem Grill auf allen Seiten insgesamt für 10 Minuten grillen oder in der Pfanne braten. Zusammen mit dem Algen-Orangen-Salat jeweils in einer Jakobsmuschelschale anrichten.

Algen-Orangen-Salat

ZUTATEN (FÜR 6 PORTIONEN)

- 300 g Passepierre (Meeresspargel)
- 4 Orangen, davon 1 Bio-Orange
- 2 EL Rohrzucker
- 2 EL Reisessig
- 5 EL Erdnussöl
- 1 TL Wasabi (aus der Tube, Asia-Geschäft)
- Salz

ZUBEREITUNG

Die Passepierre putzen. Dazu die unteren, holzigen Stiele entfernen, die Zweige aber möglichst ganz lassen. Gut abspülen und auf einem Küchentuch abtropfen lassen.

Von der Bio-Orange mit einem Zestenreisser feine Streifen abschälen. Anschließend alle Orangen schälen und filetieren.

Zucker im Reisessig auflösen, salzen und danach mit dem Stabmixer das Öl und Wasabi einrühren, bis ein cremiges Dressing entstanden ist.

Nun die Orangenfilets mit den Passepierre locker vermengen, mit dem Dressing beträufeln und mit Orangenzesten bestreuen.

MULTITALENT Bilderrahmen sind Alleskönner. Die Tapetenstücke lassen sich ruckzuck auswechseln und die Rahmen können so jedes Deko-Thema widerspiegeln – von romantisch über geometrisch bis hin zu maritim.

Eine zum Tisch passende maritime Raumdekoration ist ein zusätzliches Highlight, das für Begeisterung sorgt. Dafür weiße, blaue, goldene und graubraune Bilderrahmen in verschiedenen Größen heraussuchen. Statt mit Bildern sind diese mit Tapetenstücken ausgerüstet. Besonders schön ist eine Motiv-Mischung aus maritimen Streifen, Seemannsknoten und alten Meereskarten mit weichen Mustern wie Blumen oder Ornamenten. Dafür im Baumarkt einfach nach Tapetenresten oder Probestücken fragen. Lassen Sie das Glas der Rahmen weg, so wirkt die Deko emotionaler. Zwei alte Holzkisten geben dem zufälligen Aufbau der Bilderrahmen Dimension. Dazwischen ein paar Glasvasen oder Holzkistchen mit Muscheln und Blumen platzieren. Alternativ können Sie auch mit Leuchtbuchstaben punkten, die sich beliebig zu Wörtern wie Mare, Meer, See oder Ozean zusammenstellen lassen. ∎

MARITIME *Dekoration*

MENÜ

CUPCAKES
Ingwer-Frischkäsecreme,
Limetten-Mascarpone-Creme mit Pistazien,
Krokant mit Mascarpone-Creme

*

TÖRTCHEN
Pina-Colada-Törtchen, Erdbeer-Crumble,
Cassis-Rosmarin

*

NAKED CAKE
Erdbeer-Rosen-Torte

*

TARTE
Kürbiskern-Honigparfait
an Schokoladentarte

SPITZE Eine zarte Spitzentischdecke auf dem Tisch ist Vintage par excellence: Sie schafft auf Anhieb einen edlen, leicht verspielten Look.

Spitze trifft Holz

BEI DIESEM TISCH ZIEHEN SICH GEGENSÄTZE AN

FOTOS VON HANNA WITTE

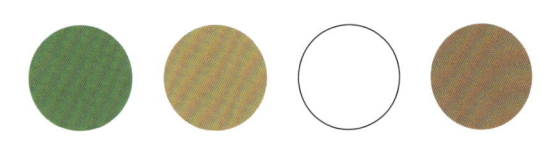

BLUMEN Die Blumen werden locker in die Vasen gesteckt, dabei einzelne Blüten oder Gräser gerne auch mal unterschiedlich hoch anordnen, um den natürlichen Wildwuchs-Eindruck zu unterstreichen.

Ein wunderschönes Symbol für das Leben ist der Baum – und somit perfekt geeignet für einen Vintage-Geburtstagstisch. Dass sich zarte Spitze mit rustikalen Elementen wie hölzernen Baumscheiben prima kombinieren lässt, zeigt diese Dekoidee. Als Grundlage wird eine lange weiße Tischdecke gewählt, über die weiße Spitze gelegt wird. Richtig schöne, alte Spitzentischdecken sind heute schwer zu bekommen oder oftmals leider unerschwinglich. Hier gibt es einen Trick: Einfach Spitzengardinen – die relativ günstig zu haben sind – als Tischdecken nutzen. Dazu den Schlaufenteil der Gardine oben abtrennen, einmal umnähen, fertig. Ausgebreitet über eine weiße Tischdecke, erzielt das einen hinreißenden Effekt.

Das zweite Hauptelement dieser Tischdekoration sind runde Baumscheiben mit einem Durchmesser von ca. 10 bis 15 Zentimetern und einer Höhe von ca. 1 bis 2 Zentimetern. Diese recht kleine Größe nimmt den sonst eher wuchtigen Baumscheiben das Schwere. Besonders mit ihrer gewellten Rinde, die an Spitze erinnert, integrieren sie sich hübsch in die zarte Spitzenwelt. Einfach den netten Nachbarn fragen, wenn dieser das nächste Mal seine Bäume beschneidet. Die Baumscheiben werden im Zickzack auf dem Tisch ausgelegt und mit Glasvasen bestückt. Sollten Sie nicht genügend Vasen vorrätig haben, lassen sich auch Glasflaschen oder Schraubgläser umfunktionieren. Wer Schraubgläser nimmt, kaschiert das Schraubgewinde oben kurzerhand mit einem attraktiven Schleifenband. Die Blumen sind – wie die restlichen Elemente auf dem Tisch – in Weiß und Grün gehalten. Hier begeistern Lenzrosen, Anemonen, Kerbel, Thlaspi Green Bell und Traubenhyazinthen. Eingedeckt ist farbig passendes Vintage-Porzellan, das man für diese Anlässe günstig leihen kann. Als Platzkarten sorgen die Mini-Bäumchen in Terrakottatöpfen für die »Aahhs« und »Ooohs« bei den Gästen. ■

AKZENTE SETZEN Vom Goldrand des Porzellans bis hin zur Verzierung der Cupcakes – diese Tischdekoration setzt auf goldene Akzente. ▷

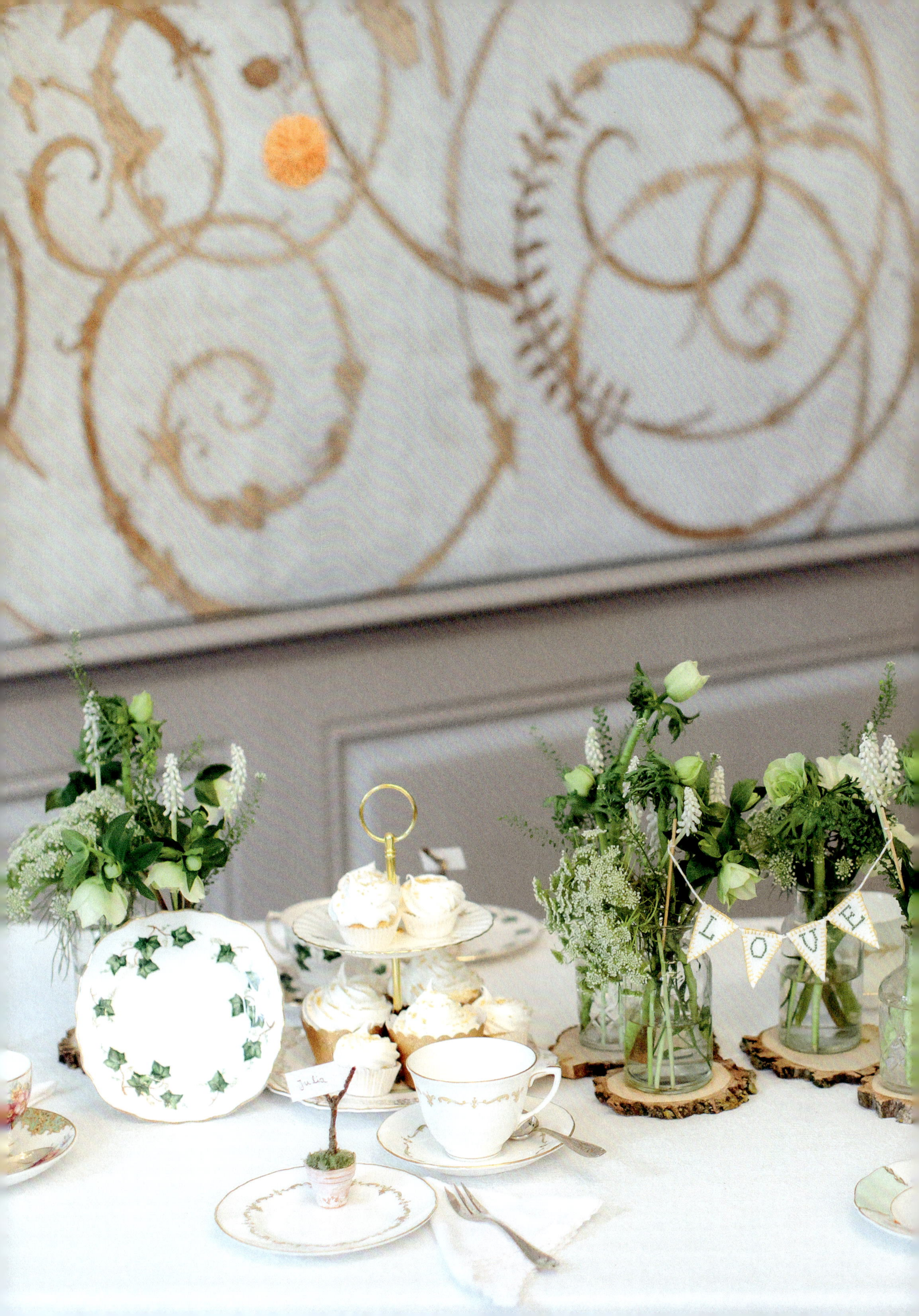
Julia
LOVE

»*Zurückhaltend eingesetzt, können rustikale Elemente diesen eleganten Vintage-Look großartig ergänzen.*«

SERVIETTEN Als Servietten entzücken Vintage-Taschentücher mit Spitzenrand, die sich wunderhübsch in die Dekoration einfügen. △

LOVE Eine kleine Wimpelgirlande mit aufgestickter Liebesbotschaft ist – zwischen zwei Vasen gespannt – ein liebevoller Eyecatcher zum Geburtstag. ▲

Mini-Tontöpfe als Platzkarten

DAS BRAUCHEN SIE Mini-Tontöpfe (3 cm hoch) · weiße Acrylfarbe · Pinsel · Schleifpapier · Moos · Zweige · Platzkarten · Stift · Klebeband oder Sekundenkleber

SO WIRD'S GEMACHT Den Tontopf mit Wasser nass machen. Acrylfarbe auf einen Unterteller geben, Pinsel erst in ein Glas mit Wasser, dann in die Farbe tauchen und relativ dünn auf den Tontopf auftragen. Trocknen lassen. Anschließend leicht mit Schleifpapier anschleifen, bis die gewünschte, etwas verwitterte Optik erreicht ist. Den Tontopf mit Moos füllen, einen kleinen Zweig als Baumstamm in das Moos setzen. Die Platzkarte beschriften und auf der Rückseite mit Klebeband oder Sekundenkleber an dem Zweig befestigen.

SELBST GEMACHT Neben der LOVE-Girlande sind auch die Menükarte und die Platzkarten als Download für Selbermacher verfügbar. Einfach ausdrucken und die Menüfolge – ob leckeres Kuchenbüfett oder rustikales Abendessen – in die Karte eintragen. Die Platzkärtchen auf der gemusterten Seite mit den Namen der Gäste beschriften.

AUFGEREIHT Viele kleine Glasflaschen, in Reih und Glied auf dem Tisch aufgestellt, geben ein beeindruckendes Bild ab. Für Auflockerung sorgen die Blumen, die wie frisch gepflückt aussehen.

Gartenblumen-Fest

IM SOMMER DEN GARTEN AUF DEN TISCH HOLEN

FOTOS VON SUSANNE WYSOCKI

ANZIEHEND Die vielen bunten Blüten in Pastelltönen laden Schmetterlinge geradezu ein, auch einmal vorbeizuschauen.

GARTENBLUMEN-FEST

Eine Blumendeko wie frisch gepflückt – und ruckzuck entsteht eine sommerleichte Atmosphäre für eine sonnige Feier mit Familie und Freunden im Garten. Große und kleine Blüten, Gräser, Beeren; von Lavendel über Rosen bis hin zu Hortensien und viele, viele Blumen mehr: Das hübsche Arrangement begeistert nicht nur die Gäste, sondern lockt auch direkt den einen oder anderen Schmetterling an. Wie an einer Perlenkette aufgereiht, nehmen die Glasfläschchen fast den gesamten Platz entlang der Tischmitte ein. Das ist eine schöne Idee für schmale Tische, da die Glasflaschenreihe platzsparend und effektvoll zugleich ist. Alternativ können die Flaschen auch in kleinen Kreisen zwischen den Gedecken aufgestellt werden. Am Ende der Blumenreihe steht je eine Vase mit einer großen Lupe, sodass die Gäste die vielen verschiedenen Blüten genau in Augenschein nehmen können. Die Dekoration ist vollständig Ton in Ton gearbeitet, Pastelltöne von Flieder über Lavendel bis hin zu Hellblau und Mint finden sich in allen Elementen auf dem Tisch. Hier und da schimmert eine Glasflasche in Flieder oder Mint, das Porzellan ist in Hellblau, Lavendel und frischem Weiß gehalten. Die Servietten ragen rechts unter den Tellern hervor, auf ihre Spitze ist jeweils eine kleine Seidenblüte gestickt. Neben dem Besteck reiht sich ein Lavendelstängel ein. Die Teelichter sind mit einem farblich passenden Satinband eingefasst und stehen ganz schlicht – ohne weitere Kerzenhalter – direkt auf dem Tisch. Apropos Bänder: Die Gartenstühle aus Holz lassen sich mit lang herunterhängenden Streifen aus Futterstoff, den es günstig im Stoffladen gibt, aufpeppen. ▶

FLORAL Porzellan mit kleinen lavendelfarbenen Blüten passt herrlich zur floralen Idee dieser Tischdekoration. Zwei, drei Blütenblätter oder gestreuter Lavendel auf den Tellern runden den Look ab. ▽

»**Gartenmöbel** lassen sich mit Bändern, Schleifen oder kleinen Girlanden schnell und einfach aufwerten.«

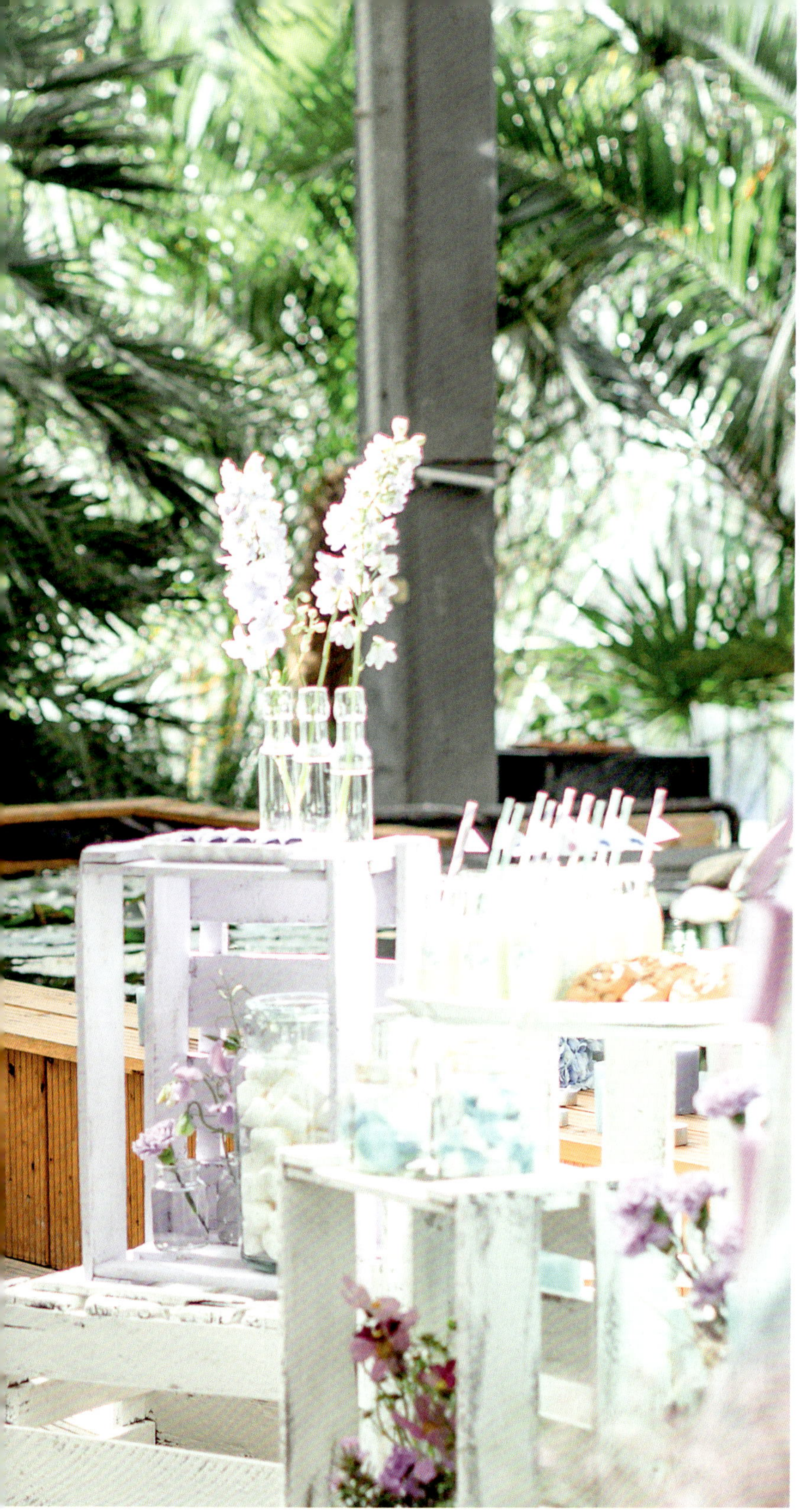

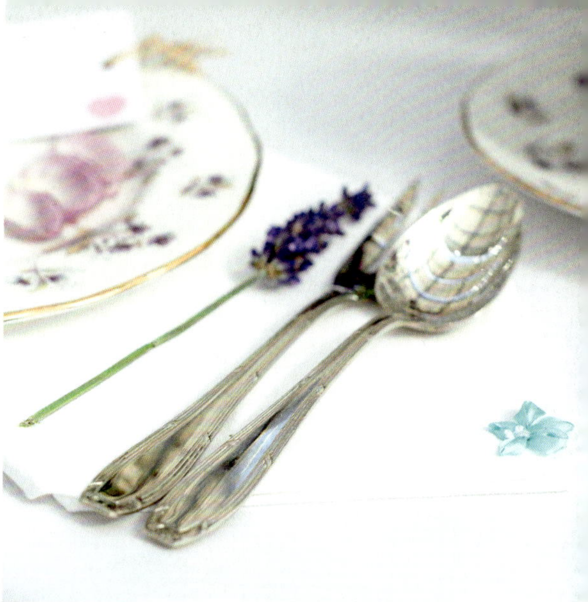

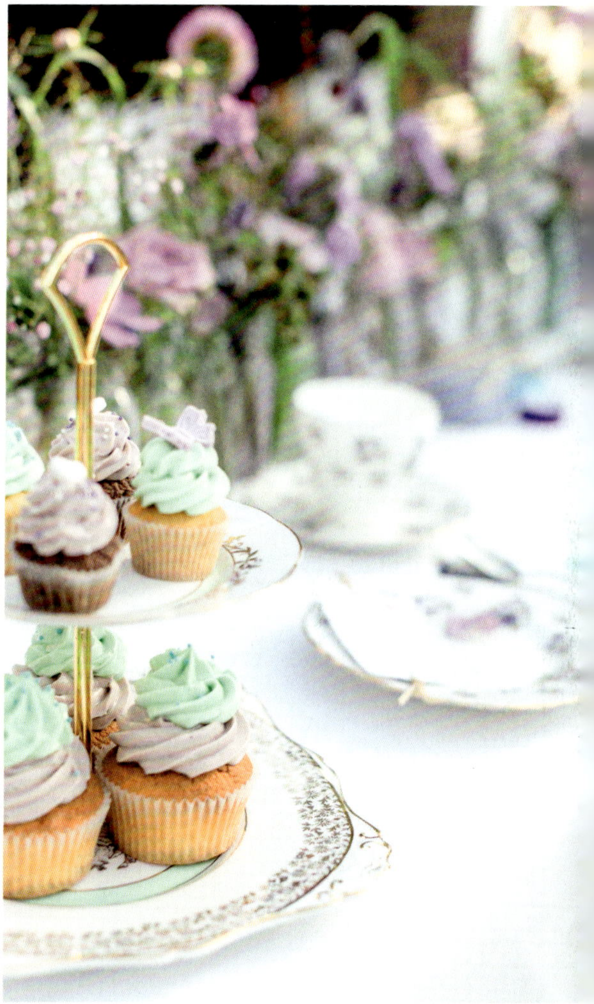

BLUMEN, BLUMEN, BLUMEN In einer langen Reihe auf dem Tisch, hier und da in Bäume gehängt und unter der Lupe machen Blüten & Co. eine tolle Figur.

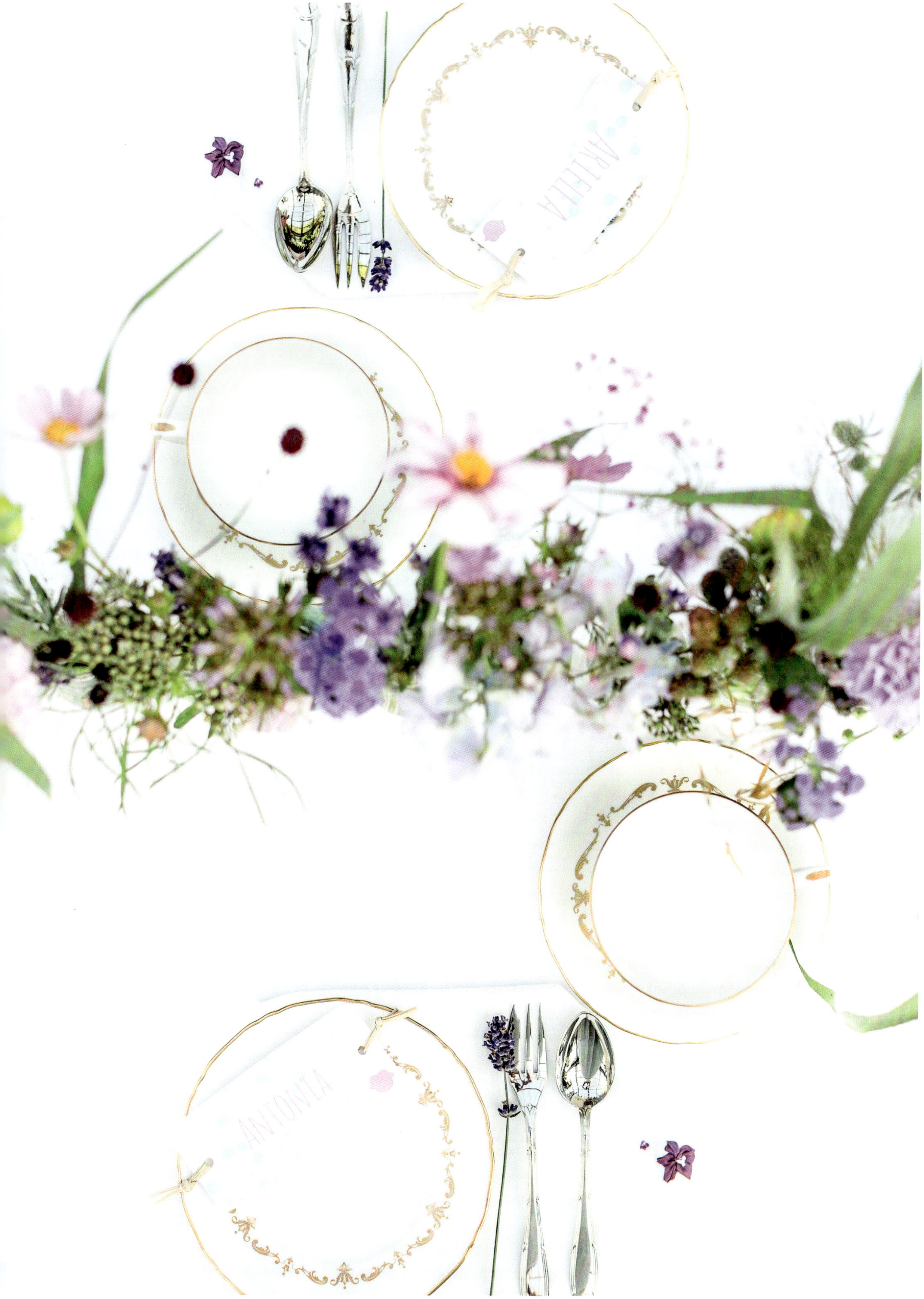
ARIELLA
ANTONIA

SWEET CANDY IN ZARTEN
Pastelltönen

Wer ein bisschen größer feiert und gerne dekoriert, hat vielleicht auch Spaß daran, für die Gäste eine süße Cake & Candy Bar im Garten aufzubauen. Alte, weiß lackierte Holzkisten und Malerleitern sind ein frischer und gleichzeitig neutraler Hintergrund für die vielen süßen Köstlichkeiten, Kerzen und Blumen in sanften Pastellfarben. Falls Sie nicht genügend Requisiten zu Hause haben sollten, die optisch passen, fragen Sie am besten im Freundeskreis nach. Denn da kommt manchmal ganz Erstaunliches zutage: eine kleine mintfarbene Kommode, ein Getränkespender, Kisten, oder, oder, oder.

LECKEREIEN

In der Cake & Candy Bar stehen Waldmeister-Schorle, Popcorn, Pralinen, Cupcakes, Cake Pops, Torte, Brause-Ufos, Lakritzpastillen, Marshmallows und vieles mehr für die Gäste bereit. Die Getränke werden unkompliziert in Glasflaschen angeboten. Zwei auf der Malerleiter quer gelegte Bretter schaffen extra Platz für Cake Pops, Torte und Blumen. Für die Blumen lassen sich – als Spiel mit dem süßen Thema – Cupcake-Ständer zweckentfremden, indem man sie mit alten Porzellantassen bestückt und locker mit Blüten befüllt. ∎

TON IN TON Nicht nur die Blumen, sondern auch die Süßigkeiten und Getränke sind farblich auf die Deko abgestimmt.

Cupcake-Ständer für die Blumendeko

DAS BRAUCHEN SIE Cupcake-Ständer aus Metall · Sprühlack · Klebepads · Porzellantassen · Sand · Blumen

SO WIRD'S GEMACHT Falls Sie den Cupcake-Ständer nicht in der gewünschten Farbe passend zu Ihrer Dekoration bekommen, kann dieser mit Sprühfarbe schnell umlackiert werden. Anschließend gut trocknen lassen. Dann die Porzellantassen in die Cupcake-Halter setzen, austarieren und mit kleinen Klebepad-Stücken an einer unauffälligen Stelle fixieren. Mit Wasser und eventuell etwas Sand zum Beschweren sowie üppigen Blüten füllen.

MÄDCHENTRAUM Zarte Pastelltöne, strahlendes Glas, romantische Blumen, Gold und Glitzer – die perfekten Zutaten für einen Nachmittag mit den besten Freundinnen.

La vie en rose

EIN ELEGANTER NACHMITTAG MIT DEN BESTEN FREUNDINNEN

FOTOS VON KATHRIN HESTER

Einmal wieder Mädchen sein! »La vie en rose« ist romantisch, verspielt, anmutig – einfach ein Mädchentraum. Im Zentrum der Tischdekoration steht die Idee von französischer Zartheit. Parfüm-Flakons, Pailletten, Gold, Glas und Kerzen funkeln um die Wette. Wenn Sie Ihre besten Freundinnen mit einem unvergesslichen Nachmittag überraschen möchten, halten Sie es wie Édith Piaf und feiern Sie »La vie en rose«. Eine wunderschöne Dekogrundlage sind die Paillettentischläufer in Champagner-Rosé, die quer über den Tisch gelegt werden. Große Glasplatzteller mit grazilen Ranken wirken zart und edel auf dem glitzernden Untergrund. Auf jedem Platzteller wird jeweils ein Kuchengedeck aus edlem Porzellan gestapelt. Das Porzellan stammt aus den 20er-Jahren und passt mit seinen typisch eckigen Art-déco-Henkeln, filigranen Goldornamenten und kleinen Rosen perfekt zum Vintage-Thema. Besonders stimmig dazu ist goldenes Besteck, das man – genau wie das Porzellan – günstig auch für kleinere Anlässe ausleihen kann. Als Servietten dienen alte Vintage-Taschentücher mit üppigem Spitzenrand, die mit einem Zipfel unter die Glasteller gesteckt werden und locker an der Tischkante herunterhängen. ▶

DER MIX MACHT'S Die dunkelbraunen Vintage-Stühle aus Holz sind in ihrer Form alle unterschiedlich und wirken dadurch wunderbar authentisch. Alte Stühle gibt es auf Flohmärkten oder beim Event-Ausstatter. ▽

»Geschirr und Dekoelemente aus **Glas** wirken auf dem Tisch *edel* und **zurückhaltend** – sie geben der Dekoration *Raum und Leichtigkeit*.«

BLÜTENMEER Passend zu den edlen Kuchengedecken werden die Blumen auf einer großen Porzellan-Etagere präsentiert. Aus jedem Blickwinkel gibt es neue Blüten zu entdecken.

LA VIE EN ROSE

SERVIETTEN Die Servietten werden oben unter den Platztellern festgeklemmt und fallen locker über die Tischläufer nach unten. Die üppige Spitze der Vintage-Taschentücher wirkt besonders schön auf dem Paillettenuntergrund. ▲

ANMUTIG UND ZART
La vie en rose

Dort, wo normalerweise die Tassen stehen, finden sich kunstvoll verzierte kleine Törtchen auf Glastellern. Die bildhübschen Flakons sind die heimlichen Stars und das zentrale Motiv dieser Dekoration. Wer denkt dabei nicht gleich an französische Eleganz? Auch die Platzkarten in Rosé gehen Hand in Hand mit der Idee und haben die Form von Parfümflaschen. Die Menükarte in Tafel-Optik hebt die Leckereien mit ihrem feinen Rautenmuster und den verspielten Schnörkeln dezent hervor.

BLUMEN-ETAGERE

In der Tischmitte begeistert eine alte Porzellan-Etagere, die von oben bis unten mit Blüten bestückt ist. Die Liste der pastellfarbenen Blumen liest sich wie ein Blütenmeer: von Anemonen und gefüllten Ranunkeln über Sterndolden, Federnelken, Johanniskrautbeeren und Nelken bis hin zur Königin der Blumen, der Duftrose. An beiden Seiten wird die Etagere von schlichten goldenen Kerzenhaltern mit weißen Stabkerzen und kleinen gläsernen Vasen flankiert.

FLAKONS Parfümflaschen aus Glas sind anmutig und feminin zugleich und bringen ein wunderschönes Vintage-Feeling auf den Tisch.

PAPETERIE Sowohl die Platz- als auch die Menükarten stehen als Download zur Verfügung und lassen sich schnell individuell anpassen.

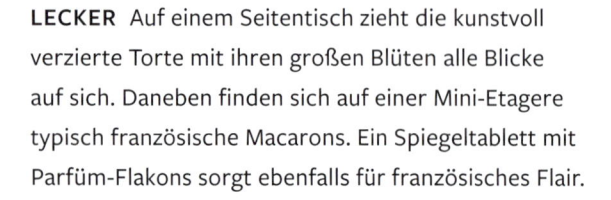

LECKER Auf einem Seitentisch zieht die kunstvoll verzierte Torte mit ihren großen Blüten alle Blicke auf sich. Daneben finden sich auf einer Mini-Etagere typisch französische Macarons. Ein Spiegeltablett mit Parfüm-Flakons sorgt ebenfalls für französisches Flair.

Französische Macarons

Macarons gehören zur Königsklasse der Backkunst. Verzagen Sie nicht, sollten Ihre Macarons beim ersten Mal nicht direkt gelingen, hier gehört auch ein wenig Übung dazu. Zudem hängt das Gelingen auch von äußeren Umständen wie der Temperatur oder Luftfeuchtigkeit ab. Achten Sie darauf, die Mengenangaben ganz genau einzuhalten, dann werden Sie sicherlich schon bald mit hochgradig leckeren Macarons belohnt!

ZUTATEN (FÜR 55 STÜCK)

Für die Macaron-Schalen:
200 g Mandelmehl
200 g Puderzucker
150 g Eiweiß (ca. 6 Eier, Größe M)
200 g Zucker
rosa Lebensmittelfarbe (Pulver)

Für die Füllung:
Konfitüre, Buttercreme oder Ganache (nach Belieben)

Außerdem:
2–3 Silikon-Backmatten für Macarons
Spritzbeutel mit Lochtülle (11er-Lochtülle)

ZUBEREITUNG

Den Backofen auf 160 °C vorheizen. Zwei bis drei Backbleche mit einer Silikon-Backmatte auslegen.

Mandelmehl und Puderzucker in eine Rührschüssel sieben. 75 g Eiweiß unterrühren.

Den Zucker mit 50 ml Wasser in einen Topf geben, verrühren und auf 116 °C erwärmen.

Das restliche Eiweiß leicht schaumig schlagen und den gekochten Zuckersirup unterrühren.

Dann die Masse bis auf Zimmertemperatur kalt schlagen. Nach Belieben mit Lebensmittelfarbe einfärben.

Zuerst ein Drittel des Eischnees unter die Mandelmasse arbeiten (»angleichen«), den Rest anschließend nach und nach gut unterarbeiten.

Die Masse in einen Spritzbeutel mit Lochtülle füllen und gleichmäßige Tupfen auf die Silikon-Backmatte spritzen. Nun das Backblech mehrmals vorsichtig auf die Arbeitsfläche schlagen, um die Oberfläche der Tupfen zu glätten und Luftblasen zu lösen. Die Tupfen ca. 30 Minuten antrocknen lassen, bis die Oberfläche nicht mehr klebt.

Anschließend im vorgeheizten Backofen jedes Blech einzeln ca. 9 Minuten backen. Nach 5 Minuten das Backblech drehen. Die Macaron-Schalen am Ende der Backzeit aus dem Ofen nehmen und erst dann von der Silikon-Backmatte lösen, wenn sie komplett abgekühlt sind.

Die Hälfte der Macaron-Schalen nach Belieben mit Konfitüre, Buttercreme oder Ganache füllen, die übrigen Schalen daraufsetzen und leicht andrücken.

TRADITIONEN Diese Osterdekoration gibt schwedischen Traditionen wie der Prinzessinnentorte, den Dalapferden und den Midsommar-Kränzen einen modernen Dreh.

Schweden-Liebe

EIN OSTERBRUNCH MIT SKANDINAVISCHEN DETAILS

FOTOS VON KATHRIN HESTER

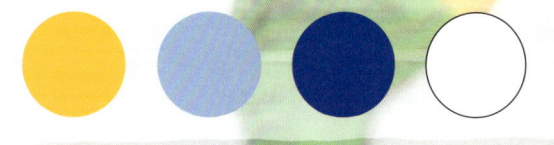

Hej Sverige, hallo Schweden! Das Königreich im Norden ist bekannt für seine freundlichen Einwohner, leckeren Zimtschnecken und riesigen Elche. Die Schweden feiern aber auch gerne, und das Land hat viele wunderschöne, alte Traditionen. Drei besonders bekannte stehen im Mittelpunkt dieses schwedischen Osterbrunchs: eine Prinzessinnentorte, Dalapferde und Midsommar-Kränze. Die Farben für die Tischdekoration liegen auf der Hand – wer schwedisch feiert, feiert blau-gelb.

Für die herzhaften Leckereien des Brunchs wird weißes Porzellan im Vintage-Stil mit einem romantisch gewellten Rand eingedeckt. Hellblaue Porzellanteller für süße Köstlichkeiten ergänzen den Look.

LIEBEVOLLE DETAILS

Jeder Gast bekommt eine andere Serviette aus hellblauem Stoff mit Ornamentmuster, die über den äußeren Rand der Teller geschlagen und darunter festgesteckt wird. Auf den Tellern liegen jeweils eine geblümte Platzkarte, durch die ein Satinband gezogen wird, sowie eine gelbe, kugelförmige Blume, das sogenannte Trommelstöckchen. In der Mitte des Tisches thront die Prinzessinnentorte, die Prinsesstårta, die in den 30er-Jahren für die damaligen schwedischen Prinzessinnen erstmals gebacken wurde.

Die Torte in Halbkugelform ist gefüllt mit hellem Kuchen, Beerenkonfitüre, Vanillecreme und Sahne und wird für gewöhnlich mit einer hellgrünen Marzipanschicht überzogen und mit einer rosafarbenen Rose verziert. Als moderne Interpretation wartet der Osterbrunch mit einer weißen Prinzessinnentorte auf, die rundum mit Margeritenblüten dekoriert ist. ▶

FARBEN Die schwedischen Nationalfarben Blau und Gelb geben den Ton bei dieser Tischdekoration an. Mit Weiß kombiniert, entsteht eine leichte, frühlingshafte Atmosphäre, die prima zu Ostern passt. ▽

DETAILS Das hellblaue Satinband und das Trommelstöckchen sind verspielte Details, die zeigen, dass mit viel Liebe für die Gäste eingedeckt wurde.

»*Modern interpretiert,* werden folkloristische Traditionen zum *Blickfang auf dem Tisch.*«

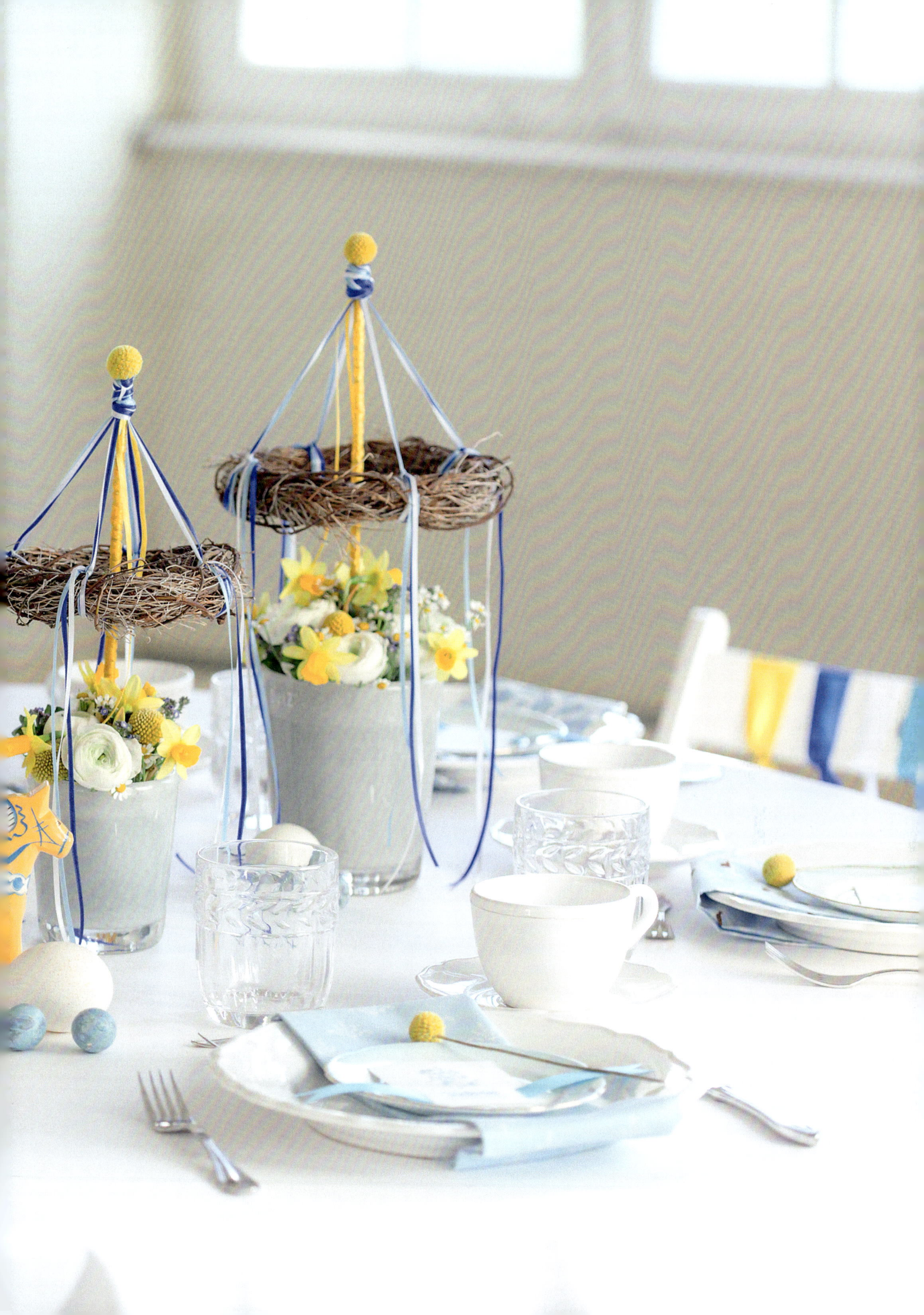

BLUMEN Die Blumenmotive auf Menü- und Platzkarte reihen sich ein in das blumige Thema auf dem Tisch, das vom Blumengesteck bis zur Torte reicht.

Menü
Schwedischer Osterbrunch

Schwedische Prinzessinnen-Torte
mit Vanillecreme, Sahne- und Himbeer-Füllung

Sommerkranz-Cookie
königlich marmoriert mit blau-gelbem Zuckerguss

Kanelbulla
schwedische Zimtschnecken

Entzückendes Highlight des Tisches sind die beiden Blumengestecke mit Midsommar-Kränzen im Miniformat. Midsommar ist nach Weihnachten das zweitgrößte Fest in Schweden, das mit der typischen midsommarstång – einem mit Blumen und Bändern geschmückten Baumstamm –, vielen Blumen und bunten Bändern gefeiert wird. Auf dem Osterbrunch-Tisch finden sich zwei unterschiedlich hohe, hellblaue Glasgefäße mit Blumengestecken aus Ranunkeln, kleinen Narzissen 'Tête à tête', Vergissmeinnicht, Kamille und Trommelstöckchen. In ihrer Mitte steckt jeweils eine Stange, an der ein kleiner Reisigkranz mit blau-weißen Bändern hängt.

GESCHNITZTE HOLZPFERDE

Hübsche weiße und gelbe Dalapferde komplettieren das Bild – sowohl auf dem Tisch als auch auf den gemütlichen Sitzkissen. Die Holzpferde gehören zu den Wahrzeichen Schwedens und werden seit bald einem Jahrhundert noch immer von Hand geschnitzt und traditionell rot mit grün-weißem Sattel und Zaumzeug bemalt. Auch die weißen Stühle spielen mit dem Schweden-Thema: Von den Rückenlehnen hängen lange Bänder in Blau, Gelb und Weiß herunter. ■

OSTERN Weiße Ostereier und hellblaue kleine Wachteleier, die hier und da auf dem Tisch verteilt sind, verbinden die schwedische Dekoration mit Ostern. ▲

Blumengesteck mit Midsommar-Kranz

DAS BRAUCHEN SIE 2 unterschiedlich hohe Glasgefäße · Blumensteckmasse · Frühlingsblumen in Gelb, Blau und Weiß (z. B. Ranunkeln, kleine Narzissen 'Tête à tête', Vergissmeinnicht, Kamille und Trommelstöckchen) · 2 Reisigkränze · 2 Holzstäbe · dünne Satinbänder in Weiß, Hellblau, Blau und Gelb · Sekundenkleber · Schere

SO WIRD'S GEMACHT

Der Kranz
Umwickeln Sie zunächst den Holzstab mit dem gelben Band, fixieren Sie die Enden des Bandes oben und unten jeweils mit Sekundenkleber. Schneiden Sie lange Stücke von den bunten Bändern ab und knoten Sie sie auf der Hälfte an vier Stellen um den Reisigkranz. Anschließend ein Ende der Bänder oben um den Holzstab wickeln und mit Kleber oder einem Knoten fixieren, sodass der Kranz nun locker von dem Stab herabhängt. Mit einem am oberen Ende aufgeklebten Trommelstöckchen bekommt der Stab einen schönen Abschluss.

Das Blumengesteck
Füllen Sie ein Glasgefäß mit Steckmasse und stecken Sie den Stab samt Kranz hinein. Danach füllen Sie die Fläche rund um den Stab mit Blüten, bis das Gefäß üppig gefüllt ist und die Steckmasse nicht mehr zu sehen ist. Vorsichtig gießen und auf der Tischmitte platzieren.

BEZAUBERNDE *Osterglocken*

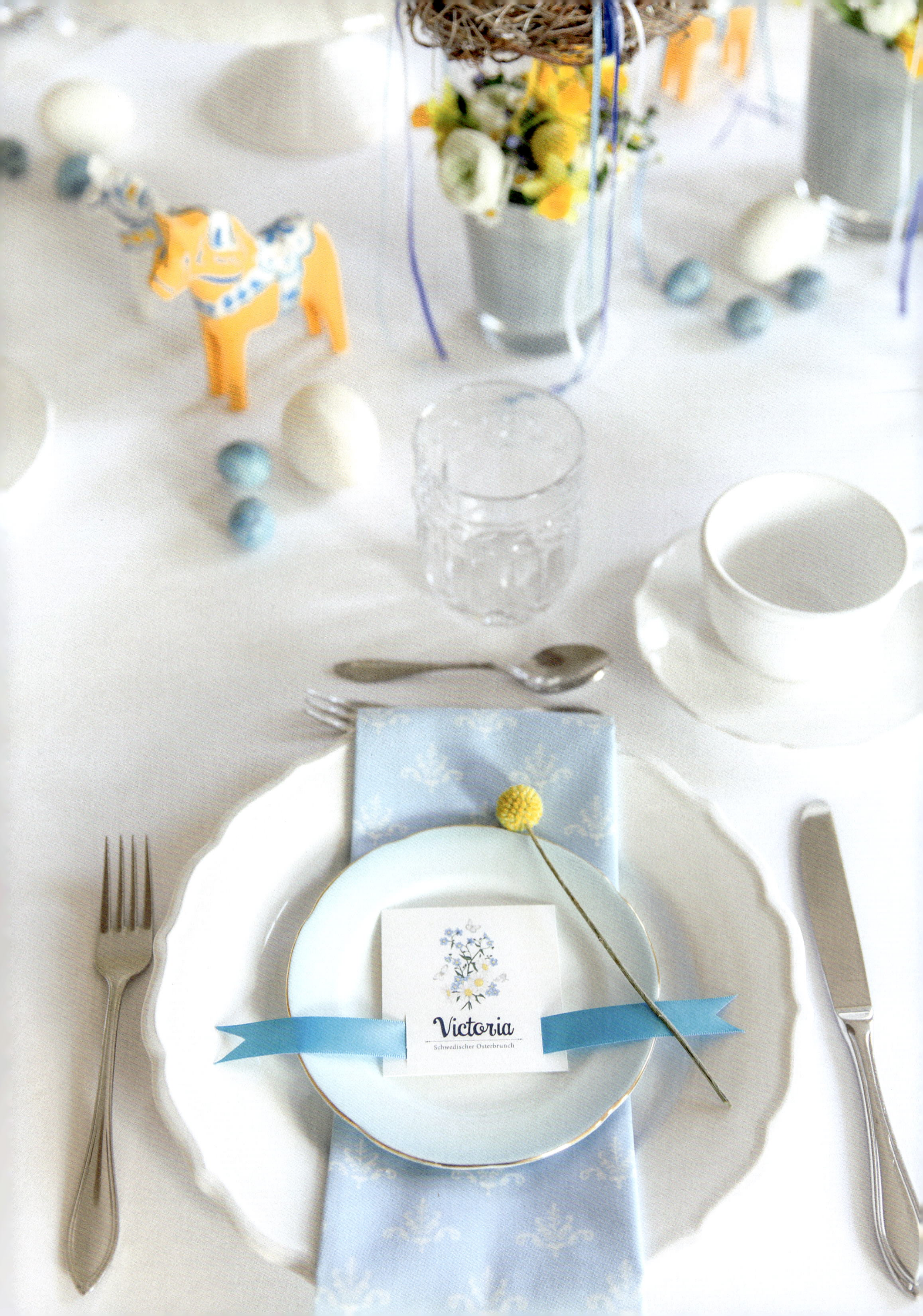
Victoria
Schwedischer Osterbrunch

BLUMEN Wer kein Händchen für das Basteln von Midsommar-Kränzen hat, kann genauso gut einen Strauß mit blau-gelb-weißen Blüten in die Mitte des Tisches stellen. Dazu einfach noch ein paar bunte Bänder oben an dem Stiel befestigen und locker über den Vasenrand fallen lassen. ▲

Schwedische Leichtigkeit

NEU INTERPRETIERT
Moderne, florale Folkloremuster werden mit hellem Porzellan, süßen Cookies und romantischen Blumenarrangements kombiniert.

Moderne Folklore

ROMANTISCH-RUSTIKAL GEBURTSTAG FEIERN

FOTOS VON SUSANNE WYSOCKI

MODERNE FOLKLORE

Wer denkt bei »Folklore« nicht direkt an großflächige Muster und bestickte, traditionelle Kleider und Hauben? Einmal um die Ecke gedacht, sind diese zwei Elemente – Muster und Stickereien – eine spannende Grundlage für eine Tischdekoration im Folklorestil. Da es bei Folklore auch immer um Herzlichkeit und Feiern geht, ist dieses Thema wie geschaffen für einen Geburtstag. Bewusst werden bei dieser Dekoidee moderne und traditionelle Elemente miteinander kombiniert. Ein rustikaler, roh behauener Holztisch ist die perfekte Grundlage für das weiße Porzellan und die helle Tischdekoration, in deren Zentrum romantische Blumenarrangements begeistern.

Als Blumengefäße werden schlichte, runde Halbschalen genutzt. In der Mitte zieht ein großes Gesteck aus Ranunkeln, Nelken und Lisianthus in Weiß-, Orange-, Rosa-, Apricot- und Korallentönen alle Blicke auf sich; Eukalyptuszweige laufen sanft nach rechts und links aus. Statt eines traditionellen Tischläufers werden zwei schmale Holzbretter mit weißem Stoff bezogen und längs der Tischmitte ausgelegt. Darauf finden sich Kugeln aus samtigen Stachys-Blättern und immer wieder zwischendurch korallenfarbige Windlichter, die mit Wasser und Schwimmkerzen gefüllt sind. Der Stoff der Bretter und die Servietten sind mit einem modernen, floralen Folkloremuster handbestickt, das sich auch in den Menükarten wiederfindet. Letztere schauen links unter den Tellern hervor, auf ihnen findet auch das Besteck Platz. ▶

MUSTER Elemente des modernen Folkloremusters finden sich auf der Menükarte, der Serviette und den Cookies wieder. Weiß gibt dem traditionellen Thema Leichtigkeit. ▽

KEKSE Die unterschiedlich geformten Cookies mit kleinen Blüten und Spitzenmuster sehen ebenfalls wie bestickt aus.

MODERNE FOLKLORE

»*Symmetrisch angeordnet*,
können auch unterschiedlich
hohe **Blumenarrangements** visuell
Ruhe auf den Tisch bringen.«

Als typisch folkloristisches Element dürfen Quasten nicht fehlen: Sie lassen sich einfach selbst machen und sehen sehr hübsch angenäht an eine Serviettenecke oder als Teil einer Girlande aus.

BLUMEN, BLÜTEN, BLÄTTER

Zusätzlich zum Tisch wird auch der Garten bzw. die Terrasse mit herrlichen Blumenarrangements verschönert. Hängende Blumenkugeln, ein Gesteck, das aus einer Schublade ragt oder ein hängender Blumenkranz: Die vielen zarten Blüten schaffen die Balance zwischen Opulenz und Zurückhaltung. ■

GLÜCKWÜNSCHE Jeder Gast findet seinen Namen auf einer kleinen Karte, auf der er Glückwünsche für das Geburtstagskind hinterlassen kann. ▷

Mini-Quasten für Servietten und Girlanden

DAS BRAUCHEN SIE 3 Stränge Stickgarn · Stickschere · Nadel · Stoffservietten

SO WIRD'S GEMACHT
Legen Sie einen kompletten Strang Stickgarn vor sich und schieben Sie die Banderolen herunter. Nun schneiden Sie den Strang einmal in der Mitte durch. Nehmen Sie eine Hälfte des Strangs, legen Sie diese flach hin und lösen Sie zwei Fäden daraus. Einen Faden binden Sie um die Mitte des Bündels und verknoten ihn; die Fadenenden können Sie lang lassen, sie integrieren sich in die restlichen Fäden. Legen Sie das Bündel Fäden in Hufeisen-Form auf den Tisch. Ca. 1 cm unter dem Knoten machen Sie noch einmal einen Knoten mit dem zweiten Faden, die Fadenenden wieder lang lassen. Oben ist jetzt eine Schlaufe entstanden, durch die die Quaste aufgefädelt werden kann. Die Quaste unten mit der Schere auf eine gleichmäßige Länge trimmen, für Servietten eignen sich beispielsweise 4 cm. Ein Stück Faden der gleichen Farbe aufnehmen und mithilfe der Nadel an die Ecke einer Serviette nähen. Alternativ können die Quasten auch länger gelassen werden und zum Beispiel zwischen die Wimpel einer Girlande aufgefädelt werden.

MODERNE FOLKLORE

TISCHDEKO Die Tischbretter, die hier als Alternative zu den klassischen Tischläufern fungieren, sind mit weißem Stoff bezogen. Dazu den Stoff einfach über die Ecken des Brettes schlagen und auf der Rückseite mit Klebeband fixieren. Der Stoff ist in Grün- und Korallentönen mit einem hübschen, modernen Folkloremotiv bestickt, das an eine Blume erinnert. ▷

ROMANTIC *summer*

BLUMEN Die Pastelltöne der Blüten passen genau zur Farbpalette und harmonieren besonders mit dem zurückhaltenden Graugrün der Eukalyptus-Blätter.

HERBST Edles Porzellan, goldene Platzteller, große Blumenarrangements in Amphoren und süße Gastgeschenke sind Teil dieser Herbstinspiration.

Herbstfunkeln

IM ELEGANTEN BOHEME-STIL FREUNDE UND FAMILIE VERWÖHNEN

FOTOS VON KATHRIN HESTER

Jetzt wird's gemütlich! Im Herbst gibt es eigentlich nichts zu feiern – Grund genug, um dann erst recht zu feiern. Wenn die Tage kürzer werden, lockt die Idee, mit Familie und Freunden ganz elegant den Herbst einzuläuten. Eine Tischdekoration im eleganten Boheme-Stil passt wunderbar zu dieser Idee, denn Boho ist für alle Freigeister und liebenden Herzen. Ein opulentes Kerzenmeer auf einem alten Holztisch mit viel Silber und Gold schafft eine gemütliche und zugleich funkelnde Atmosphäre. Hierbei wird bewusst auf eine Tischdecke verzichtet und die natürliche, verlebte Tischplatte ins Sichtfeld gerückt. Weiße, bestickte Tischläufer werden als Platzsets eingesetzt und hängen weit über die Tischkante herunter. An jedem Sitzplatz finden sich ein goldener Platzteller und darauf ein Geschirrset aus geblümtem Vintage-Porzellan. Die schlicht gefaltete Serviette ragt zwischen den Tellern hervor. Auf ihr entdecken die Gäste ein Gastgeschenk ganz in Boho-Manier: einen goldenen Schriftzug aus Holz mit den Worten »follow your heart«, folge deinem Herzen – und mache dich frei von Konventionen! Diese süßen Schriftzüge können nach den eigenen Vorstellungen gefertigt und online bestellt werden. In einem romantischen Blumenarrangement sind in einer Amphore dicht an dicht verschiedene Rosen und Dahlien, Johanniskraut und viele, viele andere Blumen in satten Rot- und Orangetönen angeordnet. Gegenüber, am anderen Ende des Tisches, läuft die Deko mit einem niedrigen, länglichen Blumengesteck optisch sanft aus. ▶

BLUMEN Eine große Amphore in glänzender Stein-Optik ist mit Blumen, Beeren und Blättern gefüllt, die eng gesteckt sind und die Pflanzen-Highlights des Herbstes feiern. ▽

KERZEN Der Mix aus verschieden großen Kerzenständern lockert die Tischdekoration auf. Gleichzeitig verbreitet sich durch die vielen Kerzen eine wunderschöne, warme Herbstatmosphäre.

»*Liebevoll dekorierte Stühle*
sorgen dafür, dass Gäste
sich *herzlich willkommen* fühlen.«

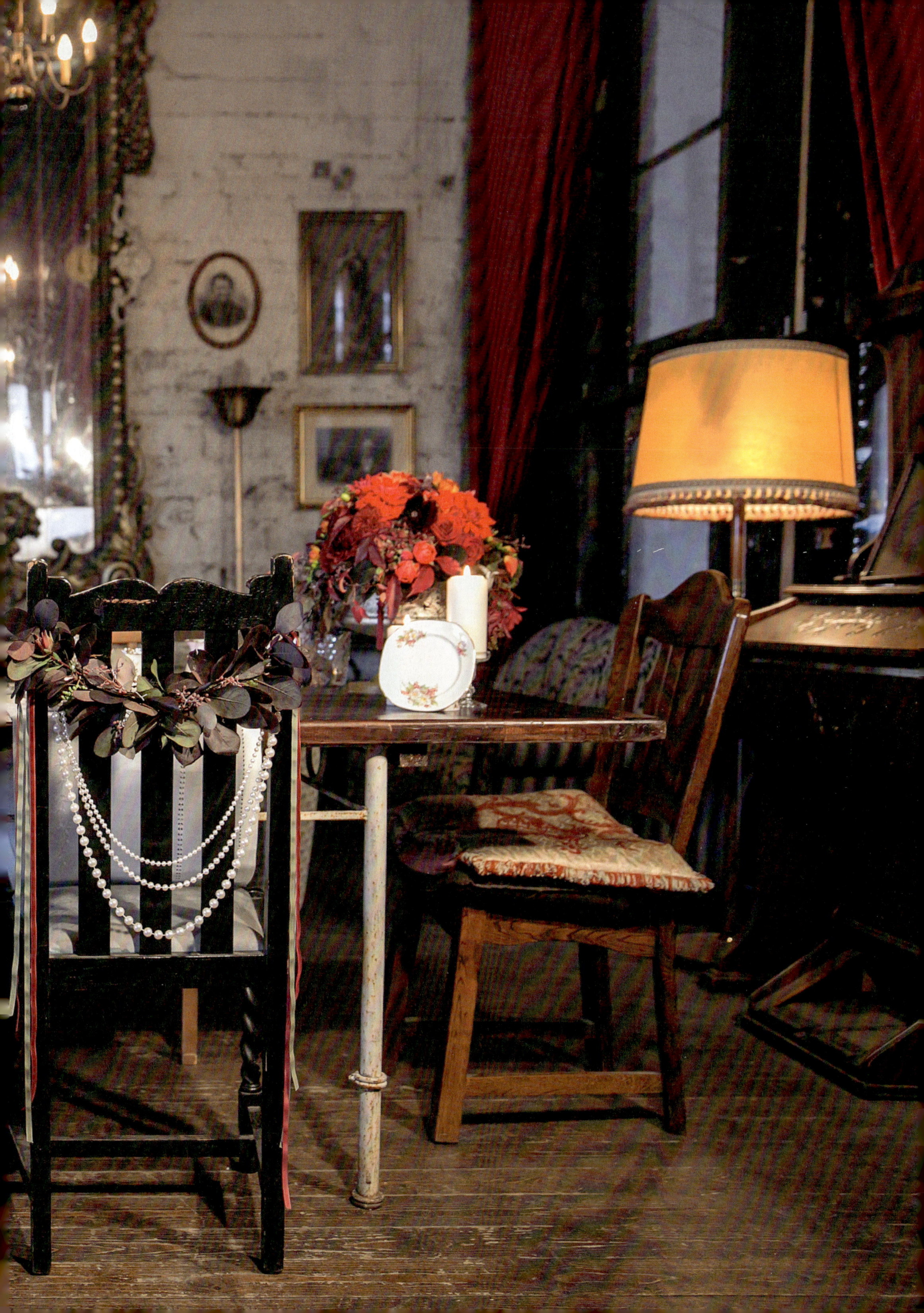

ROMANTISCH Die umgefallene Tasse, aus der Blumen »herausfließen«, ist ein schöner Hingucker.

Abwechslung fürs Auge bieten die vielen verschiedenen Kerzen und Kerzenhalter. Kleine Windlichter mit Rautenmuster, schlichte Kerzenhalter in mattem Silber und opulente Kerzenständer aus glänzendem Bauernsilber sind mit Stumpen- und Stabkerzen kombiniert und wechseln sich entlang der Tischmitte ab. Ein umgefallenes Porzellangedeck, das mit Blumen gefüllt ist, spielt mit den Dekoelementen des Tischs und ist ein stimmungsvoller Eyecatcher. Als weiteres Highlight sind die Stuhllehnen der Gäste mit einer grünen Girlande aus Blattwerk, Perlen und dunkelroten Bändern dekoriert. ∎

BILDER Das alte Foto der Großeltern ist nicht nur ein sympathisches Detail auf dem Tisch, sondern passt auch zum Raum, an dessen Wänden viele alte Bilder hängen. ▷

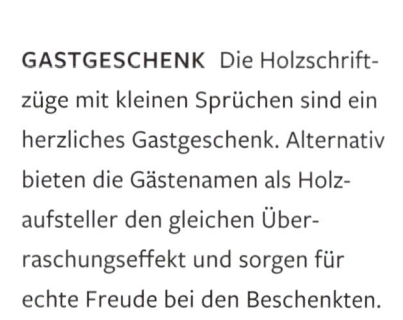

GASTGESCHENK Die Holzschriftzüge mit kleinen Sprüchen sind ein herzliches Gastgeschenk. Alternativ bieten die Gästenamen als Holzaufsteller den gleichen Überraschungseffekt und sorgen für echte Freude bei den Beschenkten.

Stuhl-Girlanden

DAS BRAUCHEN SIE Floristendraht · Bänder in Rot und Grün · Perlenketten in verschiedenen Breiten (Dekobedarf) · Perückenstrauchzweige, Eukalyptus, wilde Weintrauben und eventuell ein paar Blütenknospen · Schere

SO WIRD'S GEMACHT Zunächst kleine Sträußchen aus Blattgrün zusammenlegen und unten mit Draht umwickeln. Ein langes Stück Draht abschneiden, dann die Sträußchen versetzt an den Draht binden, sodass der Draht des vorhergehenden Sträußchens immer mit dem nachfolgenden überdeckt wird. Hier und da auch eine Blüte einarbeiten. Dann an beiden Enden den Draht zu einer kleinen Schlaufe legen und festzwirbeln. Die Ketten in unterschiedlichen Längen an beiden Schlaufen befestigen oder direkt in die Girlande mit Draht einarbeiten. Lange Stücke von den farbigen Bändern abschneiden, durch die Schlaufe ziehen und an der Stuhllehne befestigen.

LOVE IS SWEET
In einer süßen Naschecke stehen für die Gäste bunte Macarons und eine leckere Torte mit Rüschen-Dekor in nostalgischen Grüntönen bereit.

HERBSTFUNKELN

DEKORATION Ein Wasserfall aus Perlenketten, Vogelkäfige, gefüllt mit Blumen und Kerzen, hier und da verteilte Windlichter, alte Requisiten und Flohmarktfunde runden das Vintage-Feeling ab und passen optisch prima zum dekorierten Tisch.

STRAHLENDER WINTER
Schneeweiß und Knallpink sind, kombiniert mit warmem Gold, die Stars der Weihnachtsdekoration.

Christmas Love

MAGISCH-GLITZERNDE WEIHNACHTEN MIT DEN LIEBSTEN

FOTOS VON KATHRIN HESTER

MAGISCHE *Weihnachten*

White Christmas – diese Tischdekoration ist eine hauchzarte Weihnachtsinspiration, die sich wie eine weiße Schneedecke über die Feiertage legt. Da die Farbe Weiß nicht nur besonders edel ist, sondern sich auch mit jeder anderen Farbe, von pastellig bis leuchtend, wunderbar kombinieren lässt, löst sie das traditionelle Tannengrün in dieser Tischdekoration ab. Wer sich sorgt, dass Weiß allein zu steril wirken könnte, kann mit einer oder mehreren Kombifarben – hier Pink und Gold – gezielte Akzente setzen. Das weiße Vintage-Porzellan, das per se schon eine persönliche, herzliche Ausstrahlung hat, ist mit einem warmen Gold abgesetzt.

Statt Tannenzweigen oder einem Adventskranz bilden hier Weihnachtskugeln auf einer Vintage-Etagere den Mittelpunkt der Dekoration. Verwenden Sie möglichst viele Weihnachtskugeln, sie werden garantiert alle Blicke auf sich ziehen. In der Knallfarbe Pink bringen sie zusammen mit Gold Leuchtkraft und Lebendigkeit auf den Tisch. Größen und Formen, mal glänzend, mal matt, kommen in allen Variationen vor. Um das Vintage-Feeling noch mehr zu betonen, finden sich auch Weihnachtsbaumanhänger mit Fabergé-Muster darunter. Dieses wird wiederum bei den Petit Fours und den Cookies aufgegriffen. Wiederkehrende Motive oder Muster machen das Dekothema rund und schaffen Symmetrie auf dem Tisch. ▶

WEIHNACHTSBAUMANHÄNGER Gold-glitzernde Tannenzapfen, gepunktete, pinkfarbene Herzen und gestreifte Kugeln als Deko-mittelpunkt – erlaubt ist, was gefällt. ▽

»Weihnachtsfarben mal anders: *Elegantes Weiß* trifft hier auf *glitzerndes Gold* und *knalliges Pink* und sorgt für eine *magische Stimmung*.«

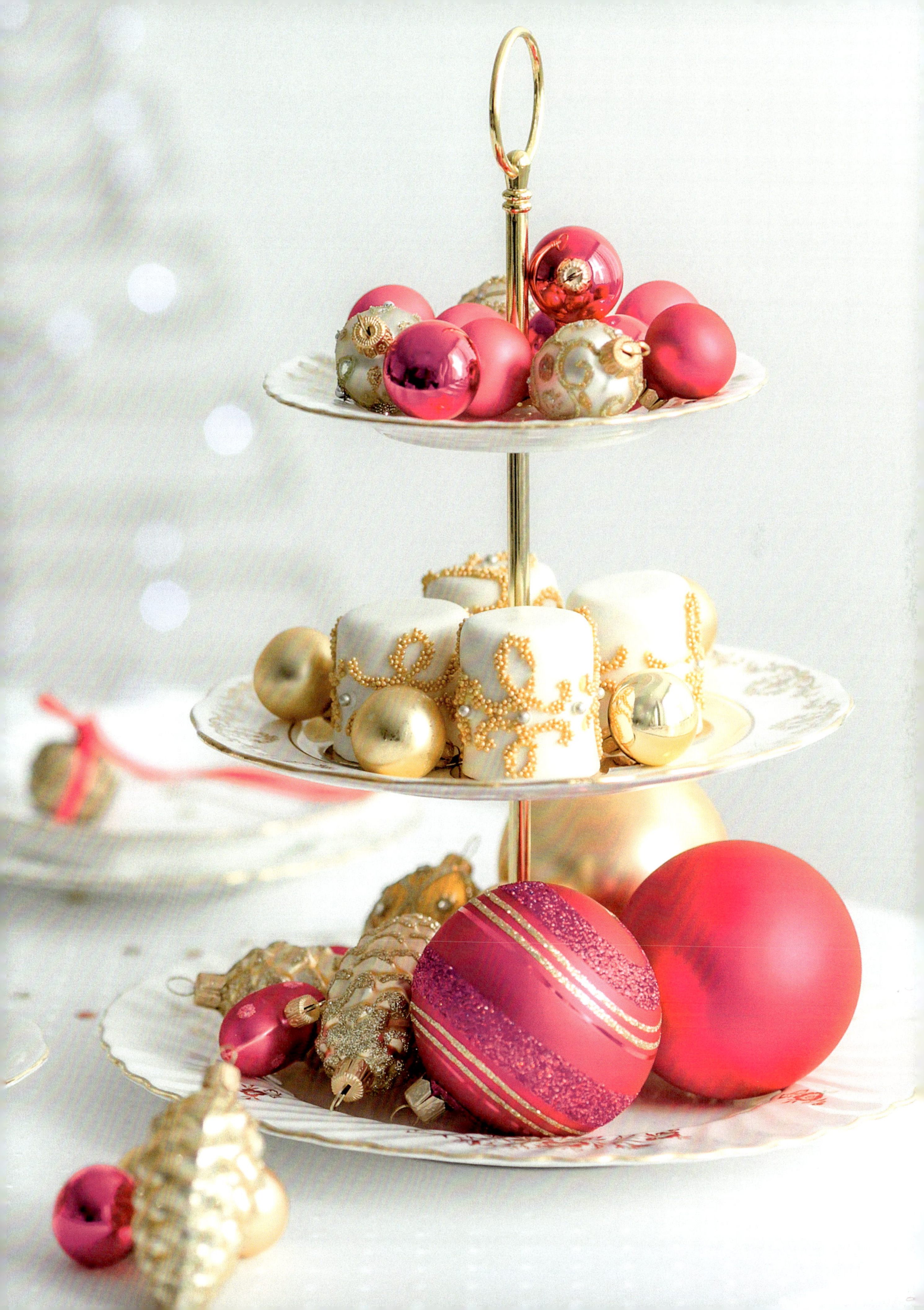

GEBÄCK Kleine Lebkuchenhäuser auf dem Tassenrand und Cookies als Weihnachtsbaumanhänger sind eine süße Aufmerksamkeit.

CHRISTMAS LOVE

Der Tisch erinnert an eine Winterlandschaft: Die weiße Tischdecke ist über und über mit weißen Punkten bestickt, die wie Schneeflocken aussehen. Hier und da finden sich verstreut goldene Pailletten. Viel Liebe zeigt sich in der Dekoration der Teller: Zwischen Platzteller und Teller ragt die in Form eines Keils gefaltete Serviette hervor, deren Ecke in Pink mit dem Schriftzug »Christmas Love« bestickt wurde. Die Servietten mit leichtem Wellenrand sind ein Flohmarktfund und somit bestens geeignet für alle, die sich zum ersten Mal am Sticken von Schriften versuchen. Der obere Teller wird dreimal quer mit gold-weißem Bäckergarn umspannt und mit ein paar goldenen Pailletten dekoriert. Oben liegt eine in Gold lackierte Walnuss, verziert mit einer langen, pinkfarbenen Schleife. Ein süßer Hingucker sind auch die kleinen Mini-Lebkuchenhäuser, die bequem auf dem Tassenrand sitzen.

WEIHNACHTSMAGIE

Weiße Baumkerzen – mit einem Wachsplättchen am Boden fixiert – sitzen in Vintage-Tassen mit goldenen Ornamenten und leuchten mit der Deko um die Wette. Ein Milchkännchen mit Goldglitzer sorgt für das extra Quäntchen Weihnachtsmagie.

Wer noch Blumen ergänzen möchte, funktioniert einfach eine Weihnachtskugel als Vase um und füllt sie zum Beispiel mit Eukalyptus-Zweigen, rosa Pfeffer und weißen Amazonaslilien, die an Sternschnuppen erinnern.

Die kunstvoll verzierten Cookies eignen sich perfekt zum direkten Vernaschen, als Gastgeschenk oder als Weihnachtsbaumanhänger. Falls Sie keine Zeit für die kleinteilige Verzierung von Lebkuchenhäuschen, Cookies und Co. haben sollten, lassen sich diese einfach online bestellen und nach den eigenen Vorstellungen gestalten. ■

Servietten-Stickerei

DAS BRAUCHEN SIE Serviette · Papiervorlage mit Schriftzug · Stoffmarkierstift oder Bleistift · Klebeband · Stickgarn in Pink · Nähnadel Größe 10 · Stickschere

SO WIRD'S GEMACHT Um das Muster von der Papiervorlage auf die Serviette zu übertragen, pausen Sie den Schriftzug entweder mithilfe eines Leuchtkastens oder am Fenster durch (hierfür einfach Vorlage und Serviette mit Klebeband am Fenster fixieren). Am besten geeignet ist dafür ein Stoffmarkierstift, da dieser sich später wieder auswaschen lässt. Schneiden Sie ein ca. 40 cm langes Stück Stickgarn ab. Stickgarn ist in der Regel sechsfädig, lösen Sie zwei Fäden aus dem Strang und machen Sie einen Knoten in das Ende der beiden zusammengenommenen Fäden. Nun sticken Sie den Schriftzug mit einfachen Rückstichen nach, die Stiche sollten eine Länge von ca. 1 mm haben, so können Sie die Rundungen schön abbilden. Vernähen Sie das Ende des Garns auf der Rückseite der Stickerei. Achten Sie darauf, die Stickerei nicht zu heiß zu waschen und beim Bügeln nicht zu stark aufzudrücken, um das schöne Relief des Schriftzuges zu erhalten.

ETAGERE Die Etagere besteht aus drei weißen Vintage-Tellern (die DIY-Anleitung hierfür finden Sie auf Seite 31) mit goldenen Ornamentmustern. Auf dem oberen Teller sind kleinere Weihnachtskugeln drapiert, unten größere. In der Mitte finden sich verzierte Petit Fours, die nur mit den Farben Weiß und Gold spielen. Vereinzelt eingesetzte Weihnachtskugeln und Herzanhänger mit Fabergé-Muster greifen das Vintage-Thema wieder auf.

BAUMSCHMUCK Kunstvoll verzierte Cookies in Form von Weihnachtsbaumanhängern machen nicht nur als Gastgeschenk eine tolle Figur, sondern auch am Weihnachtsbaum.

KERZENLICHT Kerzen gehören zu Weihnachten einfach dazu. Hier leuchten weiße Baumkerzen in einer alten Vintage-Tasse mit den Farben Gold und Pink auf dem Tisch um die Wette. Eine stimmungsvolle Alternative zum Adventskranz kann eine alte Suppenterrine sein, in die Moos, kleine Äste und weiße Stabkerzen gesteckt werden.

Weihnachtskugel-Vase

DAS BRAUCHEN SIE 1 Weihnachtskugel · 1-Cent-Stück · Lackstift oder Sprühlack in Weiß · Sekundenkleber

SO WIRD'S GEMACHT Das 1-Cent-Stück weiß lackieren (oder alternativ in der Farbe Ihrer Tischdecke, sollte diese nicht weiß sein) und trocknen lassen. Dann auf den Tisch legen, mit Sekundenkleber benetzen und die Weihnachtskugel mit dem Boden mittig aufsetzen. Trocknen lassen. Vor Gebrauch oben die Anhängerschlaufe entfernen, danach mit Wasser befüllen und die Blumen darin arrangieren.

HERSTELLER UND ADRESSEN

Ein herzlicher Dank geht an alle Hersteller und Dienstleister, die in dieses Buch ihre Kreativität eingebracht und damit einmalig gemacht haben. Zusätzlich geht ein besonderer Dank an die Rezept- und Papeterie-Kontributoren: Dehly&deSander für die leckeren Red-Velvet-Cake- und Macaron-Rezepte auf S. 41 und 113 sowie an Kaiserschote Feinkost Catering für die formidablen Salz- und Jakobsmuschel-Rezepte auf S. 79 und 81. Ebenso an Karina Gold für die wild-botanischen Papeterie-Vorlagen auf S. 42–51 sowie an Albert Anderson für die grazilen Ornament- und Parfüm-Serien-Vorlagen auf S. 84–91 und 104–111.

Vintage Glamour

Tischdekoration Konzept: Nadine Villmann, *www.nadinevillmann.de*; Kathrin Hester; Tatjana Hayn

Fotografie: Kathrin Hester, *www.kathrinhester.de*

Floristik: Florica, *www.florica.eu*

Goldene Väschen & Barockkerzen: van harte, *www.vanharte.de*

Location: Schloss Eulenbroich, *www.schloss-eulenbroich.de*

Macarons: Maison Macaron, *www.maisonmacaron.de*

Papeterie & Sweet Table: Tatjana Hayn, *www.sweet-table.de*

Patisserie: Tortenmacher, *www.tortenmacher.com*

Prägebänder: Prägemanufaktur, *www.praegemanufaktur.de*

Vintage-Porzellanverleih: Lieschen und Ruth, *www.lieschenundruth.de*

Tea o'clock

Tischdekoration Konzept: Nadine Villmann, *www.nadinevillmann.de*; Katrin Glaser, Sagt Ja, *www.sagt-ja.de*; rhein-weiss, *www.rhein-weiss.com*

Fotografie: Angela Krebs Photography, *www.angelakrebs.com*; Ole Radach Fotografie, *www.oleradach.de*

Candy Bar & Patisserie: Madame Miammiam, *www.madamemiammiam.de*

Catering: Kaiserschote Feinkost Catering, *www.kaiserschote.de*

Floristik: Florica, *www.florica.eu*

Gastgeschenk Schlüssel: van harte, *www.vanharte.de*

Kindertisch Idee & Konzept: Leo-Kinderevents, *www.leo-kinderevents.de*

Location: Orangerie Köln, *www.orangerie-theater.de*

Requisiten: FTA, *www.fundusonline.de*

Vintage-Porzellanverleih: Lieschen und Ruth, *www.lieschenundruth.de*

Botanica

Tischdekoration Konzept: Nadine Villmann, *www.nadinevillmann.de*; Nicola Neubauer, Verrückt nach Hochzeit, *www.verruecktnachhochzeit.de*

Fotografie: Hanna Witte, *www.hochzeitsreportagen-koeln.de*

Floristik: Monique Lebahn, *www.lebahn-floristik.de*

Location: Blumenhalle Jülich, *www.service-catering.de*

Papeterie: Karina Gold, *www.karinagold.de*

Patisserie: Dehly&deSander, *www.dehlyunddesander.de*

Vintage-Porzellanverleih: Lieschen und Ruth, *www.lieschenundruth.de*

Ein Hauch Provence

Tischdekoration Konzept: Nadine Villmann, *www.nadinevillmann.de*

Fotografie: Hanna Witte, *www.hochzeitsreportagen-koeln.de*

Floristik: Florica, *www.florica.eu*

Location: Die Bleibe, Monschau, *www.bleibe.de*

Papeterie: Traufabrik, *www.traufabrik.com*

Obst in Hülle und Fülle

Tischdekoration Konzept: Nadine Villmann, *www.nadinevillmann.de*; Kathrin Hester

Fotografie: Kathrin Hester, *www.kathrinhester.de*

Vintage-Porzellanverleih: Lieschen und Ruth, *www.lieschenundruth.de*

Strandgut

Tischdekoration Konzept: Nadine Villmann, *www.nadinevillmann.de*

Fotografie: Violeta Pelivan, *www.violeta-pelivan.de*

Catering: Kaiserschote Feinkost Catering, *www.kaiserschote.de*

Floristik: Florica, *www.florica.eu*

Leuchtbuchstaben: van harte, *www.vanharte.de*

Location: Seepavillon Köln, *www.see-pavillon.de*

Porzellanteller: Royal Copenhagen über Scandinavian Lifestyle, *www.scandinavian-lifestyle.de*

Tapeten: Rasch Textil, *www.raschtextil.de*

Spitze trifft Holz

Tischdekoration Konzept: Nadine Villmann, *www.nadinevillmann.de*

Fotografie: Hanna Witte, *www.hochzeitsreportagen-koeln.de*

Floristik: dieblumenbinder, *www.dieblumenbinder.eu*

Location: Schloss Benrath,
www.schloss-benrath.de

Papeterie: Albert Anderson,
www.bubedameherz.de/member/schriftstuecke

Patisserie: Törtchenfabrik,
www.toertchenfabrik.de

Stickereien: Zur Lila Pampelmuse,
www.zurlilapampelmuse.com

Vintage-Porzellanverleih: Lieschen und Ruth, *www.lieschenundruth.de*

Gartenblumen-Fest

Tischdekoration Konzept: Nadine Villmann, *www.nadinevillmann.de*; Susanne Wysocki

Fotografie: Susanne Wysocki,
www.susanne-wysocki.de

Cake Pops: Niner Bakes,
www.ninerbakes.com

Cupcakes: Petit Papillon,
www.petit-papillon.de

Floristik: Blumenhaus am Hofgarten,
www.blumenhaus-am-hofgarten.de

Location: Blumenhalle Jülich,
www.service-catering.de

Papeterie: das papierlabor,
www.daspapierlabor.de

Stickereien: Zur Lila Pampelmuse,
www.zurlilapampelmuse.com

Torte: Tortenküche,
www.tortenkueche.de

Vintage-Porzellanverleih: Lieschen und Ruth, *www.lieschenundruth.de*

La vie en rose

Tischdekoration Konzept: Nadine Villmann, *www.nadinevillmann.de*

Fotografie: Kathrin Hester,
www.kathrinhester.de

Floristik: dieblumenbinder,
www.dieblumenbinder.eu

Location: Schloss Benrath,
www.schloss-benrath.de

Pailletten-Tischläufer: Fräulein K sagt Ja, *www.fraeulein-k-sagt-ja.de/shop*

Papeterie: Albert Anderson,
www.bubedameherz.de/member/schriftstuecke

Patisserie: Dehly&deSander,
www.dehlyunddesander.de

Stühle: Nimmplatz,
www.nimmplatz.com

Vintage-Porzellanverleih: Lieschen und Ruth, *www.lieschenundruth.de*

Schweden-Liebe

Tischdekoration Konzept: Nadine Villmann, *www.nadinevillmann.de*

Fotografie: Kathrin Hester,
www.kathrinhester.de

Floristik: dieblumenbinder,
www.dieblumenbinder.eu

Holzpferde: Grannas, *www.grannas.com*

Location: Schloss Benrath,
www.schloss-benrath.de

Papeterie: Albert Anderson,
www.bubedameherz.de/member/schriftstuecke

Patisserie: Dehly&deSander,
www.dehlyunddesander.de

Stühle: Nimmplatz,
www.nimmplatz.com

Vintage-Porzellanverleih: Lieschen und Ruth, *www.lieschenundruth.de*

Moderne Folklore

Tischdekoration Konzept: Nadine Villmann, *www.nadinevillmann.de*

Fotografie: Susanne Wysocki,
www.susanne-wysocki.de

Floristik: Florica, *www.florica.eu*

Hängendes Blumenkranzgestell: van harte, *www.vanharte.de*

Location: Kirschhof Viersen,
www.kirsch-hof.com

Papeterie & Motivdesign: das papierlabor, *www.daspapierlabor.de*

Patisserie: Süß & Salzig,
www.suess-und-salzig.de

Stickereien: Zur Lila Pampelmuse,
www.zurlilapampelmuse.com

Vintage-Porzellanverleih: Lieschen und Ruth, *www.lieschenundruth.de*

Herbstfunkeln

Tischdekoration Konzept: Nadine Villmann, *www.nadinevillmann.de*; Helene Gutjahr

Fotografie: Kathrin Hester,
www.kathrinhester.de

Floristik: Gutjahr DekoDesign,
www.helenegutjahr.de

Holzschriftzüge: No Gallery,
www.no-gallery.com

Location: Gare du Neuss,
www.gareduneuss.de

Patisserie: Tortenmacher,
www.tortenmacher.com

Vintage-Porzellanverleih: Lieschen und Ruth, *www.lieschenundruth.de*

Christmas Love

Tischdekoration Konzept: Nadine Villmann, *www.nadinevillmann.de*

Fotografie: Kathrin Hester,
www.kathrinhester.de

Patisserie: Tortenmacher,
www.tortenmacher.com

Stickereien: Zur Lila Pampelmuse,
www.zurlilapampelmuse.com

Vintage-Porzellanverleih: Lieschen und Ruth, *www.lieschenundruth.de*

Weihnachtskugeln: Christoball,
www.christoball.de

Autoren-Foto

Fotografie: Violeta Pelivan,
www.violeta-pelivan.de

Haare & Make-up: Katharina Eppendorf, *www.facebook.com/KatharinaEppendorf*

Nach fünf erfolgreichen Jahren als Gründerin von Deutschlands erstem Vintage-Porzellanverleih, »Lieschen und Ruth«, ist die gelernte Kommunikationsberaterin Nadine Villmann heute u. a. als Wedding- und Eventstylistin tätig. Sie ist in der Vintage-Dekorationsszene seit vielen Jahren zu Hause und liebt es, bei ihren Tischdekorationen Bekanntes und Unerwartetes, Altes und Neues zu kombinieren. Die Schönheit des Moments und ein gedeckter Tisch mit liebevollen Details, die Gäste und Gastgeber gleichermaßen begeistern, sind ihre Leidenschaft.

▶ www.nadinevillmann.de

DOWNLOAD-CODE: 16098

DANK

Herrje, wem sage ich zuerst »Danke«? So viele Menschen sind an diesem Buch beteiligt gewesen! Zuallererst gilt mein Dank meinem Verlag – Dr. Bernhard Auge für sein großes Vertrauen von Anfang an und Christine Rauch, ohne die dieses Buch nicht so wunderschön geworden wäre, wie es heute ist. Ihre unendliche Geduld beim Fragenbeantworten, ihre Leidenschaft für das Thema und die Zeit, die sie in jedes Detail und jede Seite gesteckt hat, sind schlicht Gold wert gewesen. Ebenso Katrin Lemmer für ihr ästhetisches Feingefühl und dafür, dass das Buch genau so aussieht, wie ich es mir vorgestellt habe.

Danken möchte ich von Herzen den wunderbaren Fotografen, deren Augen für das Schöne dieses Buch einzigartig machen: Kathrin Hester, Hanna Witte, Susanne Wysocki, Violeta Pelivan, Angela Krebs und Ole Radach. Ihr rockt!

Wer das Herstellerverzeichnis gelesen hat, hat gesehen, wie viele kreative Menschen an diesem Buch beteiligt waren – das »Danke« an euch kann gar nicht groß genug geschrieben werden.

Herzlichst »Danke« meiner Mutter Andrea für ihren unschlagbaren Pragmatismus, ihre Begeisterungsfähigkeit und die vielen Tischdecken, Servietten und Kissenbezüge, die sie für dieses Buch genäht hat. Ich danke meinem Vater Wolfgang für seine unendliche Weisheit, und dass er dafür sorgt, dass mir nicht der Himmel auf den Kopf fällt. Meiner Schwester Annika, die immer einen Rat weiß und deren Fähigkeit, mich zum Lachen zu bringen, jeden Tag noch schöner macht. Und ich danke meinem Lebensgefährten Ross: Thank you so much for going on all these crazy adventures with me. I love living in cuckoo land with you!

IMPRESSUM

Idee, Konzept und Texte: Nadine Villmann
Fotos: iStock.com/Chris_Elwell (S. 29); Kathrin Hester (S. 6–19, 62–69, 104–125, 134–157); Angela Krebs & Ole Radach (S. 20–28, 30–35); Violeta Pelivan (S. 70–83, 160); lichtpunkt, Michael Ruder (Cover); Hanna Witte (Rückseite, S. 2–4, 36–61, 84–91); Susanne Wysocki (S. 92–103, 126–133)
Rezepte: Dehly&deSander (Red Velvet Cake, S. 41, Macarons, S. 113); Kaiserschote Feinkost Catering (Salze, S. 79, Jakobsmuscheln, S. 81)
Vorlagen: Albert Anderson (S. 84–91, 104–111); Karina Klages (S. 42–51); Nadine Villmann (S. 90, 153)
Layout, Satz, Covergestaltung: Katrin Lemmer, Kassel
Produktmanagement und Lektorat: Christine Rauch
Druck und Bindung: Neografia, Slowakei

© Lifestyle BusseSeewald in der frechverlag GmbH, Turbinenstraße 7, 70499 Stuttgart, 2016

Materialangaben und Arbeitshinweise in diesem Buch wurden von der Autorin und den Mitarbeitern des Verlags sorgfältig geprüft. Eine Garantie wird jedoch nicht übernommen. Autorin und Verlag können für eventuell auftretende Fehler oder Schäden nicht haftbar gemacht werden. Das Werk und die darin gezeigten Modelle und Rezepte sind urheberrechtlich geschützt. Die Vervielfältigung und Verbreitung ist, außer für private, nicht kommerzielle Zwecke, untersagt und wird zivil- und strafrechtlich verfolgt. Dies gilt insbesondere für eine Verbreitung des Werkes durch Fotokopien, Film, Funk und Fernsehen, elektronische Medien und Internet sowie für eine gewerbliche Nutzung der gezeigten Modelle und Rezepte.

1. Auflage 2016   ISBN 978-3-7724-7432-3 · Best.-Nr. 7432